돌잔치에서 제사까지 관혼상제

한눈에 펼쳐 보는 전통문화 ❹

돌잔치에서 제사까지 관혼상제

초판 1쇄 인쇄 2011년 11월 17일
초판 4쇄 발행 2017년 7월 28일

지은이 오재미 | **그린이** 김은미

발행인 양원석 | **편집장** 전혜원
기획 김경애 | **편집진행** 이향숙 | **디자인** 씨오디Color of Dream
마케팅 최창규, 김용환, 이영인, 정주호, 양정길, 이선미, 임도진, 이규진, 김보영
해외 저작권 황지현 | **제작** 문태일
펴낸곳 (주)알에이치코리아
주소 08588 서울시 금천구 가산디지털2로 53, 20층(한라시그마밸리)
문의 02-6443-8869(내용), 02-6443-8838(구입), 02-6443-8960(팩스)
등록 2004년 1월 15일 제2-3726호

ISBN 978-89-255-4520-2 (73380)
ISBN 978-89-255-4384-0 (세트)

어린이제품 안전특별법 표시 사항
제품명 도서 | **제조자명** (주)알에이치코리아 | **제조국명** 대한민국 | **전화번호** 02)6443-8800
주소 서울시 금천구 가산디지털2로 53, 20층(한라시그마밸리)

※ 값은 뒤표지에 있습니다.
※ 맞춤법과 띄어쓰기는 국립국어원의 기준에 따랐습니다.
※ 잘못된 책은 구입하신 곳에서 바꾸어 드립니다.
⚠ 책 모서리가 날카로워 다칠 수 있으니 사람을 향해 던지거나 떨어뜨리지 마십시오.

알에이치코리아 홈페이지와 블로그, SNS로 들어오시면 자사 도서에 대한 더 많은 정보와
이벤트 혜택을 확인하실 수 있으며, E-book몰에서는 전자북으로도 만나볼 수 있습니다.
주니어RHK 홈페이지 http://jrrhk.com | **E-book몰**(RHK북스) http://ebook.rhk.co.kr
페이스북 https://www.facebook.com/rhk.co.kr | **블로그** http://randomhouse1.blog.me
유튜브 http://www.youtube.com/randomhousekorea

한눈에 펼쳐 보는 전통문화 ❹

돌잔치에서 제사까지
관혼상제

글·오재미 그림·김은미

주니어 RHK

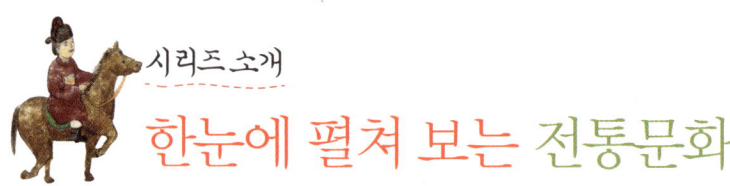

시리즈 소개
한눈에 펼쳐 보는 전통문화

　〈한눈에 펼쳐 보는 전통문화〉는 어린이들에게 한국인으로서의 긍지와 뿌리를 심어 주는 전통문화 시리즈입니다. 재미있는 한 편의 이야기를 읽다 보면 자연스레 우리 조상들의 슬기와 지혜를 엿볼 수 있어요. 정확한 설명과 그림 정보들을 통해 우리 전통문화 유산에 대한 지식을 쌓을 수 있습니다. 또한 책 속 부록으로 제시된 '한눈에 펼쳐 보는 전통문화' 코너를 통해 본문 이야기 속에 제시된 전통문화 정보를 한눈에 파악할 수 있어요.

재미있는 이야기와 풍부한 정보가 가득합니다!
　조상들의 생활과 풍습에 관한 재미있는 이야기, 역사와 문화재에 대한 올바른 정보, 자랑스러운 국보와 과학 기술이 돋보이는 주거 생활, 다양한 도구들, 예로부터 전해져 내려오는 바른 먹을거리, 복식 문화 등 우리나라의 전통문화를 총망라하여 내용을 구성하였습니다.

쉽고 자세한 그림으로 어린이들의 이해를 돕습니다!
　이야기에 나오는 재미 위주의 장면 그림보다는 정보 부분에 해당하는 그림만 수록하여 보다 쉽고 자세하게 전통문화 관련 정보를 익힐 수 있도록 했습니다. 특히 주제별로 하나씩 큰 그림들을 모아 책 속 부록으로 재구성한 '한눈에 펼쳐 보는 전통문화' 코너를 통해 그림만 살펴보더라도 전통문화를 쉽게 파악하여 지식을 쌓을 수 있습니다.

한 편의 재미있는 이야기 속에 권별 주제와 관련된 정보가 알차게 담겨 있어요.

어린이들이 이해하기 쉬운 그림을 통해 전통문화를 설명하고 있어요.

이야기 속에 등장한 전통문화 관련 정보를 한눈에 파악할 수 있도록 구성하였어요.

학년	교과목	단원
3학년	2학기 [사회]	3. 다양한 삶의 모습 (변화하는 전통 의례)
5학년	1학기 [사회]	3. 유교 전통이 자리 잡은 조선 (유교 전통과 신분 질서)

〈교과연계표〉 돌잔치에서 제사까지 관혼상제

차례

1. 칠복이가 태어났어요! …… 10
   관혼상제 풍속도 **출산 의례** …… 18

2. 상투 틀고 갓 쓰고 어른 되는 날 …… 20
   관혼상제 풍속도 **관례** …… 28

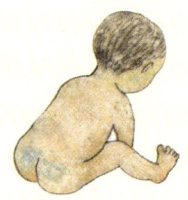

3. 큰언니가 어른이 되었대요! …… 30
   관혼상제 풍속도 **계례** …… 38

4. 얼레리꼴레리 삼촌 복 터졌네! …… 40
   관혼상제 풍속도 **혼례 (의혼)** …… 48

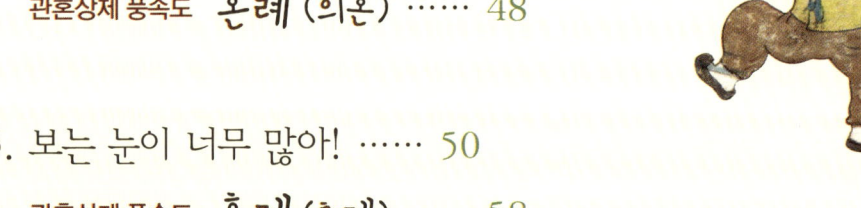

5. 보는 눈이 너무 많아! …… 50
   관혼상제 풍속도 **혼례 (초례)** …… 58

6. 할머니, 만수무강하세요! …… 60
   관혼상제 풍속도 **환갑** …… 68

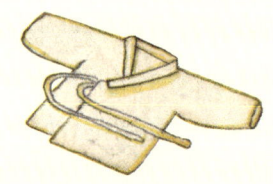

7. 저승 가는 길이 쓸쓸하지 않도록 …… 70
　　관혼상제 풍속도 상례 …… 78

8. 죽어서도 우리 집안을 지켜 주시네! …… 80
　　관혼상제 풍속도 제례 …… 88

9. 칠복이는 커서 어떤 어른이 될까요? …… 90
　　관혼상제 풍속도 육아 의례 …… 98

〈부록〉 한눈에 펼쳐 보는 전통문화 관혼상제

여는글
돌잔치에서 제사까지 관혼상제 이야기

　사람이 세상에 태어나면 반드시 거쳐야 하는 관문이 있다고 해요. 이 관문을 하나하나 거치게 되면 비로소 어른으로 성장하고 끝내는 죽음에 이르게 된다고 하지요. 우리 조상들은 일생의 중요한 관문을 통과하게 된 것을 축하하고 조상님과 신에게 축복을 기원하기 위해 예를 갖춰 정성스럽게 의식을 치렀어요. 이를 '통과 의례'라고 하지요.

　통과 의례의 대표적인 것이 '관혼상제'예요. 즉, 태어나서 어른이 되는 성인식을 맞이하고, 혼례를 치러 가정을 꾸리고, 죽음에 이르게 되고, 후손이 제사 지내는 것까지를 말하지요. 태어나서 죽음에 이르기까지 일생에서 사람이라면 반드시 통과해야 하는 관혼상제는 모든 문화, 사회에 빠짐없이 존재하는 인류의 보편적인 의례라고 할 수 있어요.

　특히 전통적인 농경 사회에서는 대를 잇는 일이 굉장히 중요했기 때문에 자손을 얻기 위한 혼례와 출산 의례, 부모의 회갑 잔치, 상례, 제례 등 효도에 관한 행사가 중요시되었어요. 오늘날에는 대를 잇는 것을 크게 중요

　시하지 않기 때문에 혼례를 치르지 않고 혼자 사는 어른들도 꽤 많지요.

　이 책은 여러분 또래의 아홉 살 '연이'가 겪은 집안 대소사를 담고 있어요. 막내 동생 칠복이가 태어나면서부터 칠복이의 돌잔치가 있는 한 해 동안 연이네 집에는 참 많은 일들이 있었어요.

　이웃집 산이 오라버니와 큰언니가 성인식인 관례와 계례를 치렀고, 노총각 삼식이 삼촌이 건너 마을 복순 언니와 혼례를 하게 되었지요. 또 할머니의 환갑을 맞이하여 멀리 사는 친척들까지 모두 모여 잔치를 벌였어요. 갑작스런 이모할머니의 죽음으로 몇 해 전 장례를 치른 할아버지를 떠올리기도 하고, 할아버지 제삿날에는 새 식구들의 인사도 빼먹지 않았지요.

　이처럼 집안일을 들여다보면 우리 전통의 관혼상제 의례를 모두 엿볼 수 있어요. 여러분도 집에서 챙기는 기념일을 떠올려 보면서 관혼상제 의례를 배워 보도록 해요.

출산 의례
칠복이가 태어났어요!

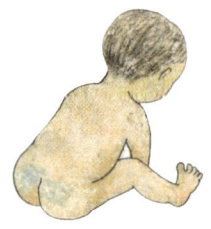

"정배랑 정순이, 너희들 당장 이리 안 와! 어휴, 내가 못 살아요."

다섯 살배기 쌍둥이 동생들을 뒤쫓아 가며 연이가 소리쳤어요. 점점 장난이 심해지는 동생들 때문에 요즘 연이는 하루도 편할 날이 없어요.

어머니 안성댁이 작년 겨울에 막내 동생 칠복이를 낳으면서 쌍둥이 동생을 돌보는 일은 전부 연이의 몫이 되었거든요.

안성댁은 칠복이를 낳기 며칠 전에 연이를 안방으로 불렀어요.

"연이야, 곧 동생을 만날 수 있을 것 같구나. 불룩 솟은 배가 보이지?"

우리 조상들의 태아 성별 구분법

의료 장비가 발달하지 않은 옛날에는 산모가 아들을 낳을지 딸을 낳을지 미리 확인할 수 있는 방법이 없었어요. 그래서 우리 조상들은 여러 미신이나 속설 등을 통해 성별을 점치기도 했어요. 그 대표적인 방법이 배 모양을 살펴보는 것과 태몽으로 성별을 알아보는 것이에요.

배 모양으로 구분하기
배 모양이 펑퍼짐하면 아들,
배 모양이 예쁘게 볼록하면 딸,
배가 처지면 아들, 위로 올라붙으면 딸,
임신선이 삐뚤어지면 아들, 똑바르면 딸,
배꼽이 쑥 들어가면 아들, 튀어나오면 딸,
배꼽 밑이 물렁거리면 아들, 단단하면 딸,
뒷모습이 미우면 아들, 예쁘면 딸,
얼굴이 푸석거리고 살이 빠지면 아들,
뽀얗게 피고 살이 찌면 딸

태몽으로 구분하기
아들 태몽 : 해, 바다, 색이 선명한 무지개, 큰 구렁이, 뿔 달린 사슴, 검은 돼지, 황소, 붉은 고추, 알밤, 익은 호박, 열매가 홀수인 경우, 굵고 뿌리가 선명한 인삼이나 산삼, 금반지 하나를 끼었거나 받는 경우 등
딸 태몽 : 달, 잔잔한 호수와 강, 실뱀, 예쁜 꽃사슴, 암소, 풋고추, 밤송이, 열매가 짝수인 경우, 쌍가락지를 끼거나 금반지를 여러 개 갖고 있는 경우 등

"네, 어머니. 설마 이번에도 쌍둥이는 아니겠죠?"

"글쎄, 낳아 봐야 알겠지만 이번엔 쌍둥이 때만큼 배가 크지는 않구나."

"할머니는 어머니 뱃속에 사내아이가 있을 거라고 했어요. 배 모양도 그렇고, 돌아가신 할아버지가 엄청 큰 산삼을 어머니한테 건네주는 꿈을 꾸셨다면서 그건 분명 아들 태몽이래요."

"그러게. 할머니는 사내아이가 태어났으면 하고 바라시는구나. 오늘도 절에 가셨다지?"

"에이, 여동생이든 남동생이든 난 상관없는데. 할머니는 만날 사내

기자 의례
조선 시대에는 아들이 가문의 대를 잇는다고 생각했기 때문에 딸보다는 아들을 좋아했어요. 혼인을 한 여자들은 아들을 낳기 위해 여러 가지 일들을 했는데, 이를 '기자 의례'라고 해요. '기자'란 아들 낳기를 기원한다는 뜻이에요. 기자 의례의 풍속으로는 여러 가지가 있어요.

기자 바위에 빌기
기자 바위에 아들을 낳게 해 달라고 빌어요.

작은 도끼 지니기
아들 많은 집의 칼을 얻어다가 작은 도끼를 만들어서 몸에 지녀요.

속옷 바지 입기
아들을 낳은 산모의 속옷 바지를 몰래 가져와 입어요.

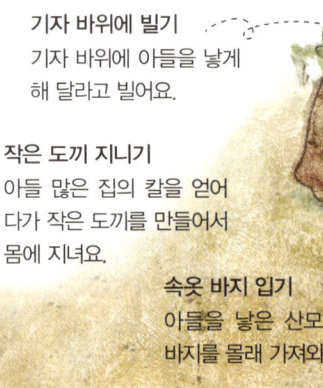

아이만 좋아하셔. 똑같이 태어났는데 정순이보다 정배를 더 예뻐하시잖아요."

"호호, 우리 연이가 쌓인 게 많은 모양이구나. 하지만 할머니는 사내아이가 많아야 집안이 번성한다고 생각하기 때문에 그러시는 거야. 일부러 여자아이를 미워하는 건 아니란다. 그나저나 설 쇠기 전에 내가 아기를 낳을 것 같은데, 연이한테 뭐 좀 부탁해도 될까?"

"네, 뭐든지요!"

연이는 어머니의 부탁이란 말에 신이 나서 대답했어요.

"그동안 정순이랑 정배가 집 안에서 주로 시간을 보냈는데, 아기가 태어나면 집 밖으로 나가서 지낼 일이 더 많을 거야. 언니들은 이제 나이를 먹어서 보는 눈들이 많으니 바깥 출입이 자유로운 우리 연이가 쌍둥이 동생들을 돌봐 주면 좋겠구나. 연이는 동작도 빠르고, 야무지니까 동생들 데리고 잘 다닐 수 있을 거야. 집 밖에서는 연이가 나 대신이다!"

연이는 어머니 대신이라는 말에 두 눈이 휘둥그레졌어요. 늘 선머슴처럼 굴던 연이한테 어머니 대신이라니 깜짝 놀랄 수밖에요. 하지만 어머니가 연이를 믿어 준다고 생각하니 흐뭇했어요.

"네, 어머니 대신! 히히."

하지만 연이는 그 말이 자신의 발목을 잡을 줄은 꿈에도 몰랐어요.

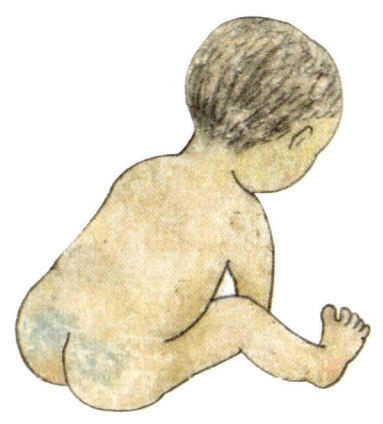

몽고반점
아이가 태어날 때 엉덩이에 푸른 멍이 든 것 같은 점을 말해요. 우리 조상들은 이 점을 삼신할머니한테 얻어맞은 자리라고 믿었어요. 삼신할머니가 편안한 엄마의 뱃속에서 나오기 싫어하는 아이의 엉덩이를 때려 얼른 나가라고 혼내 준다는 것이지요. 주로 엉덩이에 나타나지만, 등이나 팔에 나타나는 경우도 있어요. 몽고반점은 자라면서 서서히 없어져요.

그러고 나서 며칠 후, 할머니 소원처럼 진짜 남자 아기가 태어났어요.

"거 봐라. 내가 뭐랬니? 삼신할머니께 감사하다고 큰절이라도 올리자꾸나. 그리고 태몽이 어찌나 잘 들어맞았는지, 죽은 영감이 집안을 위해 좋은 일을 해 주었으니 영감한테도 고맙다고 해야겠네. 허허."

할머니는 어깨춤이라도 출 듯이 기분이 좋은가 봐요.

입이 헤벌쭉 벌어진 아버지는 왼새끼를 꼬아 금줄을 만들었어요.

평소에는 새끼줄을 오른쪽으로 꼬아 만드는데, 금줄을 만들 때는 왼쪽으로 꼬아야 한다고 했어요.

"아버지, 그런데 금줄은 왜 왼쪽으로 꼬는 거예요?"

옆에서 지켜보고 있던 연이가 궁금해서 물었어요.

"그건 귀신이 낯선 걸 무서워해서 그러지. 평소 보던 오른새끼와 달리 왼새끼를 보면 귀신이 당황해서 달아난다고 하거든. 그래서 전염병이나 좋지 않은 일을 옮기는 나쁜 잡신이 집 안에

얼씬도 못하게 하려는 거란다."

아버지는 새로 태어난 아기에게 칠복이라는 이름을 지어 주었어요. 갓 태어난 아기가 일곱 가지 복을 받아 건강하게 잘 자랄 수 있도록 해 달라는 소망을 담은 이름이었어요.

삼칠일이 지나서야 아버지는 대문 앞에 걸어 둔 금줄을 걷어 냈어요.

금줄이 있는 동안에는 친척이나 이웃 사람들에게 최대한

아들과 딸의 금줄 비교

아이가 태어나면 새끼줄을 꼬아 만든 금줄을 대문에 걸었어요. 금줄은 태어난 아이가 아들인지 딸인지에 따라 다르게 만들기 때문에 사람들은 금줄만 보고도 이 집에 아들이 태어났는지 딸이 태어났는지 알 수 있었어요. 금줄은 보통 삼칠일이 지나면 걷어 내요. 갓 태어난 아이가 어느 정도 안정을 찾았으므로 이웃 사람들이 보러 와도 된다는 의미예요.

아들
금줄에 고추와 숯을 끼워요.

딸
금줄에 솔가지와 숯을 끼워요.

 삼신상

아이를 점지(아기가 어느 집에 태어나도록 정해 주는 일)해 준 삼신할머니께 올리는 상이에요. 아기가 태어나기 전에는 미역, 쌀, 정화수를 떠 놓고, 아이가 태어나면 삼신상에 놓았던 쌀과 미역으로 밥과 국을 지어 다시 삼신할머니께 먼저 드린 후 산모에게 먹였어요. 이때 삼신상에는 쌀밥과 미역국, 정화수(물) 한 그릇을 올려요. 삼신상은 보통 시어머니가 차리는데, 출산 후와 3일, 첫이레(7일), 두이레(14일), 삼칠일인 세이레(21일)에 올렸어요.

집 안으로 들어오지 말라는 주의를 주는 일종의 표시였지요. 혹시라도 산모나 아기에게 병이 옮을까 봐 그런 거예요. 하지만 이제 금줄을 걷어 냈으니 친척 어르신들이나 이웃 아주머니들이 칠복이를 보러 올 거예요.

하루가 다르게 칠복이는 살이 올라 토실토실 잘 자랐어요. 하지만 연이는 하루가 다르게 살이 쏙 빠졌지요.

쌍둥이들은 하루라도 조용히 넘어가는 법이 없었거든요. 우는 정순이를 겨우 달래 놓으면 어느새 정배가 내빼면서 술래잡기를 하자고 졸랐어요.

오늘도 연이는 달아나는 정배를 잡으러 이쪽저쪽 뛰어다녔는데, 그런 연이를 피하려다가 정배가 그만 남의 집 장독을 깨고 말았어요.

"예끼놈! 쌍둥이들이 설쳐 대니까 정신을 차릴 수가 없구나! 장독 물어내라, 이놈들!"

마당 평상에 앉아 짚신을 삼고 있던 개똥 아저씨가 급히 밖으로 뛰쳐나왔어요.

"애들아, 냅다 뛰어!"

연이는 정배, 정순이를 질질 끌다시피 하여 겨우 저잣거리를 빠져나갔어요.

"이놈들, 내가 가만있을 줄 아느냐. 어림도 없지!"

개똥 아저씨가 달려가는 세 아이의 뒤통수에 대고 으름장을 놓았어요.

한바탕 소란을 피우고 집으로 돌아오는 길에 연이는 어머니한테 꾸지람 들을 생각을 하며 소맷자락으로 눈물을 훔쳤어요. 하지만 어쩔 수 있나요. 바깥에서는 연이가 어머니 대신이니까요.

"으이구!"

연이는 화풀이라도 하듯, 정배와 정순이의 머리를 한 대씩 콩 쥐어박았어요.

관혼상제 풍속도 출산의례

"응애응애!"
연이네 집에 아기 울음소리가 울려 퍼졌어요.
방문 밖에서 안절부절못하는 가족들에게 아기는
큰 울음소리로 무사히 세상 밖으로
나왔음을 알렸어요.

산파
옛날에는 집에서 아기를 낳았기 때문에 아기를 받아 본 경험이 많은 이웃이나 친척 아주머니가 산모의 출산을 도와주었어요.

금줄
새끼줄을 왼쪽으로 꼬아 만들어요. 딸이 태어나면 솔가지와 숯을 끼우고, 아들이 태어나면 고추와 숯을 끼웠어요.

삼신상
산모가 건강하고 아기가 무사하게 태어나기를 빌며 삼신할머니께 차리는 상을 말해요. 보통 안방 윗목에 차려 두었어요.

미역
아기를 낳은 산모는 피를 맑게 해 주는 미역국을 먹었어요. 산모에게 쓸 미역은 값을 깎거나 접어 두지 않았어요. 그러면 아기를 낳을 때 산모가 고생한다는 속설이 있거든요.

배냇저고리
아기가 태어나서 처음으로 입는 옷이에요. 아기가 오래 살기를 바라는 마음에서 옷고름이나 단추 대신 기다란 끈을 달았어요.

> 관례

상투 틀고 갓 쓰고
어른 되는 날

"**연이야,** 연이야! 뭐해? 놀러 가자."

아침상을 물리기가 무섭게 귀동이가 대문간에 서서 연이를 불러냈어요.

"연이는 나가 보지 않고 뭐하누? 쟤는 누구길래 아침 댓바람부터 와서 놀러 가자는 게냐?"

걸레로 방바닥을 훔치다 말고 할머니가 연이한테 눈치를 주었어요.

"헤헤, 연이 꽁무니만 졸졸 따라다니는 양반집 도련님 행차시네요."

금옥이 언니의 놀림에 연이가 눈을 흘기며 대꾸했어요.

"언니는 아니래도! 어휴, 숨 돌릴 틈도 없네. 이따 정배랑 정순이

낮잠 자면 놀러 오지……. 하여간 귀동이 저 녀석은 눈치도 없어."

연이는 치맛자락을 추켜올리며 대문으로 성큼성큼 걸어 나갔어요.

"연이야, 여기야! 밥은 먹었어? 오늘 재미난 구경 가자."

"무슨 급한 일이길래 아침부터 그래? 어디 가려고? 이따 오후에 정배랑 정순이랑 쑥 뜯으러……."

연이가 한참 말을 하고 있는데 귀동이가 말을 잘라 버렸어요.

"오늘 산이 형님 상투 올리는 날이잖아. 존경하는 형님이 어른이 되시는 날인데, 이 동생님이 빠질 수야 없지. 같이 구경하러 가자."

"아, 맞다! 오늘이 그 날이구나……. 너 먼저 가. 나는 쌍둥이들 좀 맡기고 이따 갈게."

"언제 올 거야? 점심 먹기 전에는 와야 해. 부잣집이니까 점심때

남자들의 성인식, 관례

어린이의 옷을 벗고 어른의 옷과 모자를 쓰는 성인 남자들의 의식을 말해요. 흔히 상투 틀고 갓 쓰는 것을 일컬어요. 관례는 15세에서 20세 사이에 하는데 관례를 올리지 않은 남자는 나이가 많아도 어른으로 대접하지 않았어요. 요즘처럼 일정한 나이가 되면 누구나 동일하게 어른이 되는 것이 아니라, 몸과 정신의 성숙에 따라 각 가정마다 좋은 날을 정해서 조상님들께 예를 갖추어 관례를 치렀어요.

맛난 것도 주려나? 헤헤, 나도 조만간 어른이 될 테니 미리 가서 형님이 어떻게 하나 지켜봐야지."

"어휴, 잘 생각했어. 먹을 것만 찾지 말고 어른이 되려면 어떻게 해야 하는지 잘 지켜보고 산이 오라버니처럼 철 좀 들어라! 응?"

연이는 홱 돌아서며 건넌방으로 쪼르르 들어왔어요. 방에서는 자영 언니가 돌진치 때 입을 칠복이의 한복을 벌써부터 만들고 있었어요.

"우아, 이거 무지 예쁘다. 자영 언니는 어쩜 이렇게 솜씨가 좋아? 나도 크면 언니처럼 이렇게 바느질을 잘하려나? 칠복이 옷 다 만들면 올해는 나도 설빔 하나 해 주라."

연이는 자영 언니 옆에 찰싹 달라붙어 이러쿵저러쿵 말을 붙였어요.

"언니, 오늘 산이 오라버니 상투 트는 날이래. 상투 틀면 이제 어른이 되는 거라는데, 그래도 예전처럼 우리 집에 놀러 오고 그러겠지? 이제 오라버니한테 꽃놀이 가자 그러고 옛이야기 해 달라고 그러면 안 되는 거야?"

산이 오라버니 이름을 꺼내자 자영 언니의 두 볼이 발갛게 달아올랐어요.

"이제 산이라고 부르면 안 되는 거야. 양반들은 관례를 치르고 나면 새로운 이름을 받고 의관도 갖추어야 해서 이래저래 달라지는 게 많다는구나. 지금까지는 아버지가 그 집 허드렛일을 도맡아 해서 산이와 어울릴 일도 있었지만 이제는 우리 같은 평민이랑 어울

관례의 절차

관례에서 가장 중요한 절차는 삼가례와 자관자례예요. 삼가례는 세 차례로 나누어 어른의 옷으로 갈아입는 의식이고, 자관자례는 관례를 올리는 사람에게 새로운 이름을 지어 주는 것이에요. 초가례, 재가례, 삼가례로 이루어져요.

초가례
남자 어른이 평상시에 집에서 입는 옷으로 갈아입고, 땋아 내렸던 머리를 풀어 상투를 틀고 망건을 써요.

재가례
외출복으로 갈아입고 갓을 써요.

삼가례
벼슬한 사람이 입는 예복으로 갈아입고, 머리에는 복두를 써요.

리기 힘들 거야."

자영 언니의 낯빛이 어두웠어요.

"에이, 산이 오라버니는 양반이니 평민이니 그런 거 안 따질 것 같은데? 오라버니가 언니를 얼마나 챙기는데……. 관례를 치렀다고 하루아침에 사람이 달라질까."

연이는 절대 그럴 리 없다며 자영 언니한테 대꾸했지만, 생각해 보니 부잣집 도련님이 평민 집안의 여인과 사귀어 혼인을 했다는 말은 들어본 적이 없었어요.

'가난한 양반 집안이긴 하지만 나중에 귀동이도 상투 틀면 나 몰라라 할까…….'

연이는 저도 모르게 귀동이를 떠올린 걸 깨닫고는 깜짝 놀랐어요.

"에이, 내 정신 좀 보게. 언니, 나 잠깐 산이 오라버니 상투 올리는 거 구경하고 올게. 쌍둥이들 좀 부탁해!"

연이는 벌게진 얼굴을 들키기라도 할까 봐 부리나케 방에서 뛰쳐나와서는 김진사 댁으로 발걸음을 향했어요.

"연이야, 여기야 여기!"

연이가 김진사 댁 대문을 기웃거리고 있을 때, 언제 연이를 보았는지 귀동이가 달려 나오며 손을 흔들었어요. 연이는 귀동이가 반겨 주어 기뻤지만 짐짓 모른 체했어요.

"무슨 사내가 호들갑이니……. 산이 오라버니 어른 되는 거 미리 구경한다더니 너는 언제 어른 될래? 산이 오라버니 보면서 뭐 좀 배운 거 없니?"

연이가 쏘아붙이듯 말하자 귀동이가 머리를 긁적이며 오만상을 찌푸렸어요.

"어휴, 말도 마! 옷을 입었다가 벗었다가 귀찮게 옷을 세 번이나 갈아입었어. 게다가 상투 트는 데도 어찌나 절차가 까다로운지, 양반님들은 어른 되는 일도 쉬운 게 아닌가 봐! 지난번 장터에서 대길이 형님이 하던 것처럼 들돌이나 들면 쉬울 텐데……."

귀동이가 푸념을 늘어놓을 동안 연이는 산이 오라버니가 어디에 있는지 두리번두리번 살펴보았어요.

김진사 댁에는 산이 오라버니의 형님들과 사촌들, 이웃 마을에 사는 친지분들이 가득했어요. 연이는 바닥에 앉아 있는 산이 오라버니

평민 남자들의 성인식, 들돌 들기

크고 무거운 돌을 들어올려 어깨 너머로 넘기는 것을 말해요. 15세부터 20세 정도 되는 마을의 젊은이들이 참여하여 힘을 자랑했어요. 들돌 들기에 성공하면 그때부터 온전한 일꾼만큼 농사일을 할 수 있다고 여겨 어른으로 인정해 주었어요. 들돌 들기는 보통 농사일이 시작되기 전인 2월 초하루나 7월 백중날에 했어요.

를 발견하고 종종걸음으로 다가갔어요.

산이 오라버니는 상투를 올려 낯선 모습이었어요. 술상을 마주 보고 앉은 아버지 김진사와 집안 어르신들 앞에 무릎을 꿇고 앉아 있었어요. 김진사가 산이 오라버니의 잔에 술을 따라 주었어요.

초례
삼가례가 끝나면 부모나 집안 어른에게서 술잔을 받았어요. 어른 앞에서 술 마시는 예절을 배우는 거예요.

"술은 벗들과 담소를 나누기 좋을 정도로만 마시고, 절대 취해서 몸과 마음을 흐트려서는 안 되느니라."

김진사가 당부했어요.

"이제 어른이 되었으니 너의 새로운 이름은 '진운'이다. '참 진', '높을 운'을 써서 참되고 높은 뜻을 세우는 인물이 되라는 의미니라."

오늘 관례를 주관한 집안 어르신이 새로운 이름을 지어 주었어요.

"네, 어르신."

산이 오라버니는 어르신께 나직한 목소리로 대답했어요.

"이제 산이 형님을 진운 형님이라고 불러야 하나?"

귀동이는 머리를 긁적이며 말했어요.

"진운 오라버니라……."

연이는 진운이라는 이름이 낯선지 몇 번이나 읊조리며 낮게 웅얼거렸어요.

상투를 틀고 이름만 바뀐 것뿐인데 이상하게 산이 오라버니는 갑작스레 어른이 된 것만 같았어요. 앞으로는 산이 오라버니한테 옛이야기를 해 달라고, 함께 놀러 가자고 조를 수도 없을 것만 같아 연이는 섭섭했어요.

"이제 장가들 나이가 되었으니 늘 몸가짐을 가지런히 하고, 글공부에 매진하여 대과를 치를 준비를 하거라."

'장가'라는 말이 쑥스러운지 산이 오라버니의 얼굴이 빨갛게 달아올랐어요.

연이는 산이 오라버니가 자영 언니와 혼례를 치르면 참 좋겠다고 생각했어요. 산이 오라버니와 동갑인 자영 언니도 곧 성인식을 치르게 될 테니까요.

'산이 오라버니랑 한 가족이 되면 참말로 좋을 텐데…….'

관혼상제 풍속도 관례

"이제 장가들 나이가 되었으니 늘 몸가짐을 가지런히 하여라."
관례는 상투 틀고 갓 쓰고, 돌아가신 조상님들께 예의를 갖추어 어른이 되었음을 알리는 의례예요. 제아무리 나이가 많아도 관례를 치르지 않으면 어른 대접을 못 받았지요.

❶ 택일
관례를 행할 길일을 정해요.

❷ 사당에 고함
3일 전에 조상을 모신 사당에 가서 관례 치르는 것을 알려요.

❸ 계빈
관례를 주관할 빈(존경받는 인물이나 마을 어르신)을 초청해요.

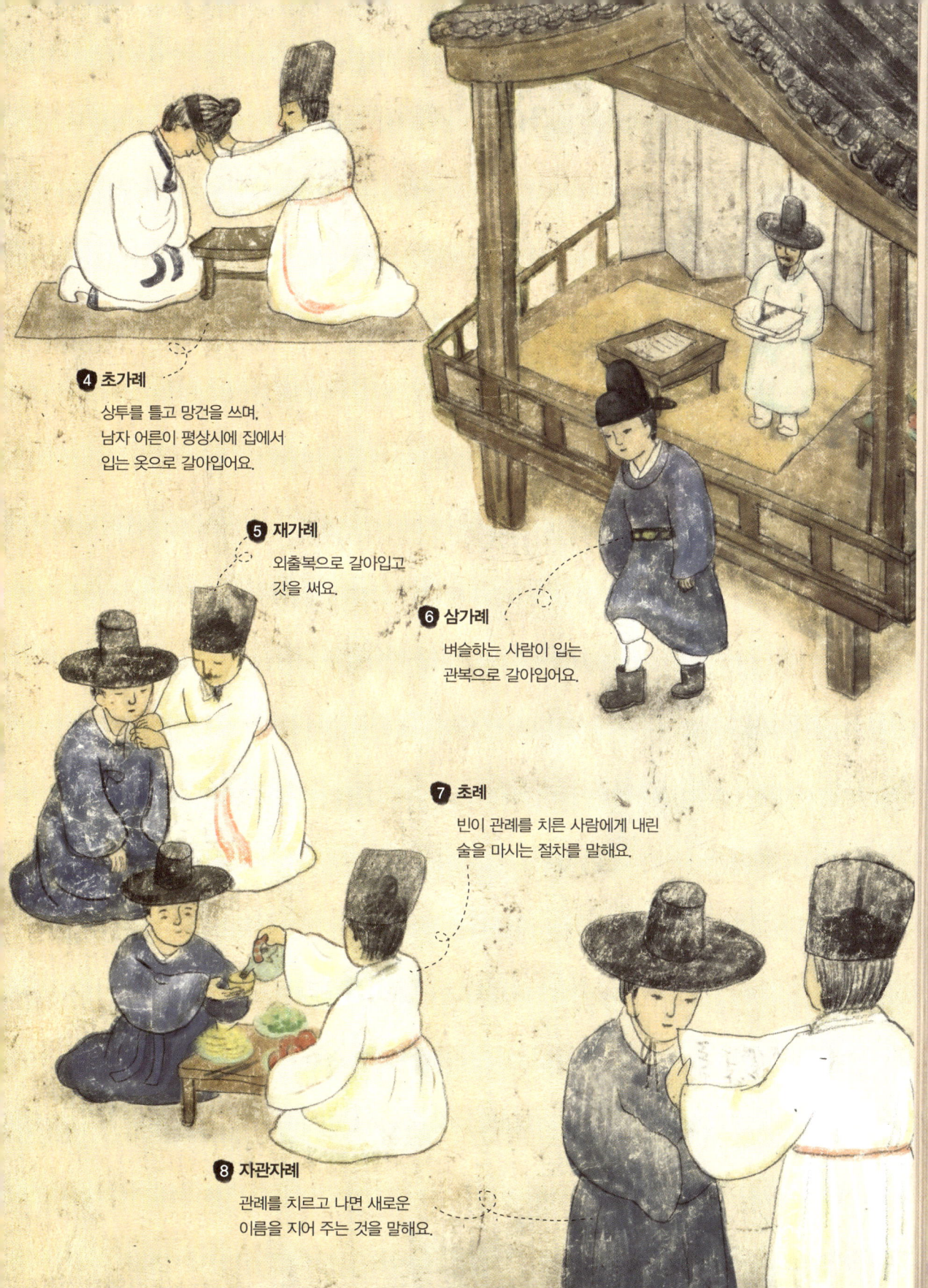

❹ 초가례
상투를 틀고 망건을 쓰며, 남자 어른이 평상시에 집에서 입는 옷으로 갈아입어요.

❺ 재가례
외출복으로 갈아입고 갓을 써요.

❻ 삼가례
벼슬하는 사람이 입는 관복으로 갈아입어요.

❼ 초례
빈이 관례를 치른 사람에게 내린 술을 마시는 절차를 말해요.

❽ 자관자례
관례를 치르고 나면 새로운 이름을 지어 주는 것을 말해요.

계례

큰언니가 어른이 되었대요!

"우아, 이 빨간 댕기 무지 예쁘다. 엄니 이거 누구 거야? 내 거?"

이른 아침 안성댁이 새로 사 온 빨간 댕기를 손에 들고 건넌방으로 들어왔어요. 금옥 언니는 어머니보다 빨간 댕기를 반기며 호들갑을 떨었어요.

안성댁은 빨간 댕기를 만지작거리는 금옥 언니의 손등을 찰싹 때렸어요.

"아서라, 때 묻을라. 이건 자영이 언니 거다."

"치, 왜 새것은 만날 자영 언니만 가져? 나도 빨간 댕기 하고 싶어."

금옥 언니가 대들자 바느질을 하다 말고 자영 언니가 나서며 말렸어요.

"금옥이 서운하겠어요, 어머니. 저는 이거 필요 없으니 금옥이나 주세요."

자영 언니가 댕기를 양보하자 안성댁이 '흠흠' 하고 목청을 가다듬으며 자리에 앉았어요.

"이 댕기는 말이다, 꼭 자영이 네가 해야 하는 거야."

여인들의 성인식, 계례

쪽을 찌고 비녀를 꽂아 주는 의식이에요. 여자가 15세가 되거나 혼인을 정하면 계례를 올리게 되어 있는데, 그 절차가 복잡하여 보통은 혼인 예식 전날 했다고 해요. 계례를 올린 후 혼례를 치르지 않으면 다시 머리를 땋아 댕기를 드리워요. 평민 가정에서는 계례를 올리는 대신 초경을 치르고 나면 빨간 댕기를 드리우기도 했어요. 이제 시집갈 몸이 되었으니 중매를 넣어도 된다는 의미였지요.

"어머니, 왜요? 댕기에 자영 언니 이름이라도 새겨져 있대요?"

옆에서 잠자코 이 광경을 지켜보고 있던 연이가 궁금증을 참지 못하고 안성댁에게 물었어요.

"이 댕기로 말할 것 같으면, 지난달 네 큰언니가 초경을 해서 특별히 이번 장날에 가서 아버지가 손수 사 오신 거란 말이다. 이제 아기를 낳을 수 있을 만큼 사영이가 다 큰 어른이 되었다는 뜻이지."

안성댁의 말에 자영 언니가 얼굴을 붉혔어요.

"양반집 처자였다면 쪽도 찌고 비녀도 꽂고 제대로 된 계례를 치렀겠지만, 우리 같은 일반 평민이야 혼례식을 올릴 때나 쪽 찌고 비녀를 꽂는 게지. 지금은 아쉽지만 우리끼리 이렇게 빨간 댕기라도 드리우고 자영이가 어른이 된 걸 기념하자꾸나. 알았느냐?"

안성댁은 빨간 댕기를 넘보지 말라는 뜻으로 금옥 언니를 힐끗 쳐다보았어요.

"에, 난 또……."

안성댁의 눈초리에 주눅이 들었는지 금옥 언니가 말끝을 흐렸어요.

"이리 오렴, 자영아."

안성댁은 자영 언니를 무릎 앞에 앉혔어요. 그러고는 자영 언니의 머리를 풀어 정성스레 빗은 후 촘촘히 땋아 내리고 그 끝에 빨간 댕

계례의 절차

한자인 '계'는 비녀를 뜻하는 말이에요. 계례를 올릴 때도 관례처럼 좋은 날을 잡고, 3일 전에 계례를 주관할 주례자를 정해요. 주례를 맡을 사람은 어질고 예법에 밝은 부인으로 정하지요.

가관계
주례를 맡은 부인이 계례자의 머리를 풀어 빗기고 다시 올려 비녀를 꽂아 주고 축문을 읽어 줘요.

적방
가관계가 끝나면 계례자는 방으로 들어가 배자를 입고 나와요. 배자를 입고 난 뒤 주례자가 다시 축문을 읽어요.

기를 보기 좋게 드리웠어요.

"어떠냐, 이쁘지?"

안성댁이 경첩을 열어 자영 언니의 얼굴을 비추자 양 볼이 발그레한 자영 언니가 살포시 눈을 떠 자신의 얼굴을 보았어요.

"고맙습니다, 어머니."

"그래, 자영아. 이제 너도 어미가 될 수 있을 만큼 다 컸구나. 이제 시집갈 날이 머지않았으니 부엌일도 배우고, 길쌈도 배

살림 배우기

계례를 올린 여인은 이제 곧 다른 집안으로 시집을 가서 시댁 살림을 도맡게 될 것에 대비해 살림을 도우며 집안일을 배웠어요. 어머니는 딸을 데리고 본격적으로 살림살이와 길쌈을 가르쳤어요.

우거라."

"네, 어머니."

연이는 머릿속으로 자영 언니가 산이 오라버니한테 시집가는 모습을 상상해 보았어요. 절로 웃음이 터져 나왔지요.

"자영 언니는 좋겠다! 이제 산이 오라버니랑 초례도 올릴 수 있겠네! 흐흐."

연이가 웃자 금옥 언니도 맞장구를 치며 따라 웃었어요. 자영 언니의 뺨이 홍시보다도 더 붉게 물들었어요.

"어허, 다 큰 처자들의 웃음소리가 담을 넘으면 안 돼지. 웃을 때도 말을 할 때도 항시 몸가짐을 바르게 하여야 한다."

"어휴, 엄니는 걱정 붙들어 매시라고요. 자영 언니야 타고난 요조숙녀니 염려 않으셔도 되고요, 저도 어디 나가면 조신하다는 소리 꽤나 들어요. 그나저나 이다음에 나 할 거는 아버지더러 더 예쁜 댕기로 사 달라고 해 주세요. 헤헤헤."

금옥 언니가 너스레를 떨자 안성댁이 혀를 차며 말했어요.

"어이구, 똑같은 어미 아비를 두었는데 넌 어쩜 그리 방정이냐. 자영 언니 시집가고 나면 너도 살림을 도맡아서 배워야 하는데, 미리 언니한테 바느질이라도 좀 배우지 않고선!"

안성댁의 말에 금옥 언니가 머리를 절레절레 흔들었어요.

"윽, 자영 언니는 평생 시집가지 마라! 에휴, 언제쯤 여자들은 집안

일에서 벗어날 수 있을라나?"

"나도, 나도! 난 누가 나 대신 쌍둥이들 좀 돌봐 주면 좋겠네!"

금옥 언니의 말에 연이가 맞장구를 치며 대꾸했어요.

"아이고, 서로 일하기 싫다고들 그러네. 자영아, 시집갈 때까지 집안일은 동생들 다 시키고 너는 놀면서 동생들 기강이나 바로 세우려무나."

"하하, 그럴까요, 어머니?"

안성댁의 말에 자영 언니가 웃으며 대꾸했어요.

"안 돼요, 안 돼! 없던 일로 해요. 취소!"

금옥 언니가 손사래를 치며 방문 밖으로 쏜살같이 뛰쳐나갔어요.

"그럼 우리 연이가 동생 돌보는 일 대신 집안일을 도맡아서 할 테냐?"

자영 언니가 연이를 쳐다보며 으름장을 놓았어요.

"아니, 아니! 누가 쌍둥이들 돌보는 게 싫대? 그냥 금옥 언니가 말하기에 따라한 것뿐이야! 집안일하는 것보다 쌍둥이들 돌보는 일이 훨씬 재밌지!"

연이가 기겁을 하자 자영 언니와 안성댁이 서로 눈을 맞추며 활짝 미소를 지었어요.

"하하, 이 녀석들. 일하기 싫다고 할 때는 언제고, 언니 대신 집안일 도맡아서 하라니까 이제야 서로 제 할 일 하겠다고 그러는구나!"

자영 언니가 놀리듯 말했어요.

"금옥이, 연이 너희 둘, 자영 언니한테만 미루지 말고 틈틈이 집안일도 돕고 그래야 한다!"

어머니 안성댁은 달아난 금옥 언니에게까지 들리도록 목청을 돋워 큰 소리로 말했어요.

관혼상제 풍속도 계례

남자들의 성인식이 '관례'라면 여자들의 성인식은 '계례'예요.
시집갈 나이가 되면 쪽을 찌고 비녀를 꽂아 이제 어른이 되었음을
조상님과 이웃 친지분들께 알렸어요.

1 진설
계례를 올릴 모든 준비를 하고,
필요한 의복을 준비해요.

2 영입
계례 당일 문 앞에 서서
식에 참석하러 온 손님들을
공손히 맞아들여요.

> 혼례(의혼)

얼레리꼴레리
삼촌 복 터졌네!

"**딱** 하루만! 응? 오늘 정말 중요한 일이 있어서 그래. 응, 응?"

연이는 바느질을 하고 있는 자영 언니 옆에 앉아 사정을 했어요.

"정배랑 정순이 데려가면 안 되는 곳이란 말이야. 그러니 언니가 오늘 하루만 봐 주면 안 돼? 응?"

연이는 오늘 귀동이랑 저잣거리에서 열리는 풍물굿을 구경하기로 했어요. 지난번 쌍둥이들을 데리고 저잣거리에 갔다가 개똥 아저씨네 장독을 깬 순간이 아직도 생생했지요.

"하여간 연이한테는 당해 낼 수가 없다니까. 아버지도 오늘 중요한 일이 있다고 잔뜩 벼르고 나가셨는데 연이도 똑같네."

혼례의 절차

조선 시대의 혼례는 절차가 복잡하고 까다로웠어요. 혼인을 의논하고 혼인날을 정하는 절차, 신랑 집에서 신부 집으로 혼인 선물을 보내는 절차, 신부 집에서 혼인식을 치르고 신부를 데리고 신랑 집으로 돌아오는 절차로 치러졌어요. 혼인은 집안과 집안의 결합으로 생각했기 때문에 각각의 절차는 예의에 어긋나지 않게 신중하게 진행되었어요.

❶ 혼인을 의논하기
혼인할 것을 약속하고 혼인날을 정해요.

❷ 함 보내기
신랑 집에서 신부 집으로 혼인 선물을 보내요.

❸ 초례
신부 집에서 혼인식을 치러요.

❹ 신행
신부가 혼례식을 마치고 신방을 치른 뒤 신랑 집으로 들어가요.

"아버지는 무슨 일?"

"복순 언니네 집에 다리 놓으러 가셨어. 아무래도 오후가 되면 집안이 꽤나 떠들썩해질 테지."

"다리? 집도 코딱지만 한 복순 언니네 집에 무슨 다리를 놓아?"

연이의 물음에 자영 언니가 배시시 웃었어요.

"호호, 사람이 건너는 그 다리 말고, 삼식이 삼촌이랑 복순 언니랑 혼인시키려고 아버지가 주선을 하러 가신 거야."

"혼례? 저자에서 물 길어 주는 쇠돌 아저씨네 복순 언니랑 삼식이 삼촌을?"

연이의 두 눈이 왕방울만 하게 커졌어요. 그도 그럴 것이 얼굴에 마맛자국투성이인 노총각 삼식이 삼촌과 열 살이나 어린 복순 언니를 혼인시킨다고 하니 깜짝 놀랄 만도 하지요. 물론 연이는 부지런하고 순박한 삼식이 삼촌이 좋았지만, 지금껏 아버지가 동네 처자들에게 다리를 놓을 때마다 거절당하기 일쑤였거든요.

"그래, 이번엔 좋은 결과가 있어야 할 텐데……. 아버지가 작년에 담근 귀한 청주까지 싸들고 나서며 이번엔 기필코 삼촌의 혼처를 정해야겠다고 하셨는데 잘 되시려나."

연이는 따라 나오려는 쌍둥이들을 억지로 떼어 놓고 귀동이를 만나러 쏜살같이 저잣거리로 뛰어갔어요.

"연이야, 천천히 와."

오늘도 귀동이는 연이보다 먼저 나와서 손을 흔들며 반겨 주었어요.

"헉, 헉. 오늘 갈 곳이 있어."

연이는 숨을 크게 몰아쉬며 귀동이에게 말했어요.

"어디? 저잣거리 구경 가기로 했잖아."

"저잣거리는 저잣거리지. 저기 쇠돌 아저씨네 말이야."

"거긴 왜?"

"묻지 말고 얼른 따라오기나 하셔."

앞장서 걷는 연이의 뒤를 귀동이가 쫄래쫄래 따라왔어요.

싸리문 담장 너머로 쇠돌 아저씨네 집 안이 훤히 보였어요.

복순 언니가 마당 한쪽에 쪼그리고 앉아 호박 썬 것을 널어 말리고 있었어요. 마루에는 쇠돌 아저씨와 아버지가 대낮부터 술상을 마주 두고 앉아 서로 술을 권하고 있었지요.

"허허, 이 사람 쇠돌이, 복순이 걱정일랑 하지 마시게. 비록 동생이지만 내가 어릴 때부터 삼식이를 아들처럼 키운 것은 자네도 알지 않은가. 어릴 때 마마를 앓아서 그리 되었지만 부지런하기로는 동네에서 최고지 않은가. 우리 어머님도 복순이를 일찌감치 며느릿감으로 점지해 두셨다네. 내가 복순이를 잘 챙겨 줌세."

"내 어려서부터 자네 집안을 잘 알고 지내 왔으니 삼식이 됨됨이야 잘 알고 있으이. 오래 봐서 그런지 생긴 것도 그리 흠도 아니지. 어머님도 우리 복순이를 예뻐해 주시리라 믿네. 허나 갑작스레 내 여식을 시집보내려고 하니 섭섭한 맘이 크구먼."

"자, 너무 서운해하지 마시게나. 그래도 가까이 살게 되었으니 사돈지간이라도 우리는 지금껏 그랬듯이 한 식구처럼 지내면 좋지 않은가. 말이 나온 김에 올 봄을 넘기기 않도록 쇠돌이 자네가 날을 잡아 주게나. 미루면 뭐하겠나. 자, 자, 한 잔 더 받으시게."

혼담이 잘 이루어졌는지 아버지 얼굴에 웃음꽃이 활짝 피었어요.

"삼식이 삼촌이랑 복순 언니랑 혼례식을 치를 모양이야."

택일

두 집안이 혼인할 것을 약속하고 혼인날을 잡아요. 신랑 집에서 신부 집에 사주를 보내요. '사주'란 태어난 해와 날짜, 시간을 말해요. 신랑의 사주를 받은 신부 집에서 신랑과 신부의 사주를 비교해 서로 혼인하기 좋은 날을 잡아 신랑 집에 알려 주어요. 이를 '택일'이라고 하지요.

"우아, 정말? 너네 삼촌 복 터졌다!"

귀동이가 제 일인 양 들떠서 말했어요.

연이는 복순 언니가 걱정되어 곁눈질로 복순 언니를 살폈어요. 속상해서 눈물이라도 흘릴 줄 알았는데 쪼그리고 앉은 복순 언니는 아버지처럼 연신 싱글벙글 웃고 있지 뭐예요. 나중에 알고 보니 삼식이 삼촌이랑 복순 언니는 그 전부터 서로 좋아하던 사이래요. 복순 언니가 그리 좋아한 이유가 있었던 것이죠. 숫기 없는 삼식이 삼촌이라고 걱정했는데 짚신도 제 짝이 있나 봐요.

아버지와 쇠돌 아저씨가 혼담을 나눈 지 달포가 지났어요. 그 사이에 쇠돌 아저씨는 혼인날을 잡아 알려 주었고, 할머니와 어머니는 혼례 준비를 하느라 정신없이 바쁘게 보냈지요. 자영 언니와 금옥 언니, 연이도 음식 만들랴, 잔심부름하랴, 동생들 돌보랴 일손을 거들어야 했어요.

오늘은 장날도 아닌데 저잣거리가 시끌벅적했어요.

해거름 무렵, 숯으로 얼굴을 검게 칠한 함진아비가 함을 지고 복순 언니네 집으로 찾아갔거든요. 함진아비의 행렬을 뒤따라 연이는 신이 나서 복순 언니네 집까지 한달음에 달려갔어요.

청사초롱으로 길을 밝히고, 함진아비가 목청을 높였어요.

"함 사시오. 함을 사시오, 함을 사!"

그러자 복순 언니네 식구들이 저잣거리 어귀까지 술상을 차려 들고 나왔어요.

"자, 무거울 테니 함부터 내려놓으시오. 목도 좀 축이고."

쇠돌 아저씨가 함진아비의 어깨에 멘 함을 받아 내리려고 했어요.

"아, 몸이 천근만근이라 내려놓을 힘도 없네 그려."

함진아비가 엄살을 피우자 복순 언니네 가족들이 함진아비를 끌고 당기며 실랑이를 벌였어요.

동네 사람들이 이 모습을 구경하려고 저잣거리로 몰려들었어요.

"노자가 떨어져서 한 발짝도 못 움직이겠소!"

함진아비 일행이 으름장을 놓으면,

"여깃수! 이제 노잣돈도 두둑하니 애간장 그만 녹이고 성큼 오시오!"

"거, 힘 좋게 생긴 양반들이 왜 힘이 없을까!"

구경하던 동네 사람들까지 끼어들어 분위기가 한껏 달아올랐어요. 한참 실랑이를 벌인 끝에 함진아비가 못 이기는 척 함을 내려놓았어요.

쇠돌 아저씨는 함을 바닥에 놓지 않고 봉치떡 시루에 올려놓았어요. 봉치떡은 '봉채떡'이라고도 하는데, 찹쌀 두 켜에 팥고물을 넣고 대추와 밤을 넣어 정성껏 만든 떡이에요.

"귀한 물건을 예까지 가져오느라 고생 많았수. 오늘은 얼큰하게 취할 때까지 먹고 마시고 즐기고 가시게나!"

쇠돌 아저씨는 신이 나서 동네 사람들에게도 술을 한 잔씩 돌리며

납폐

혼인날이 정해지면 혼인을 허락해 주어서 감사하다는 뜻으로 신랑 집에서 신부 집으로 선물을 보냈어요. 이 선물을 '납폐'라고 해요. 납폐는 함에 담아 함진아비가 지고 가요. 함진아비는 첫아들을 낳고 부부 금슬이 좋은 사람을 골라 부탁해요. 주로 저녁 무렵에 지고 가기 때문에 청사초롱으로 길을 밝히고 가지요. 함진아비가 신부 집에 도착하면 '함 사시오'라고 외치면서 함이 도착했다는 것을 알려요.

도와줘서 고맙다고 인사를 했어요.

저잣거리는 곧 마을 잔치라도 벌어질 듯 까르르 웃고 떠드는 소리로 가득했어요.

연이는 방문 틈으로 몰래 밖을 구경하는 복순 언니를 보았어요. 복순 언니는 노랑 저고리에 분홍 치마를 입어 새색시처럼 고왔어요. 이제 며칠 후 초례를 치르면 복순 언니는 연이의 숙모가 될 거예요.

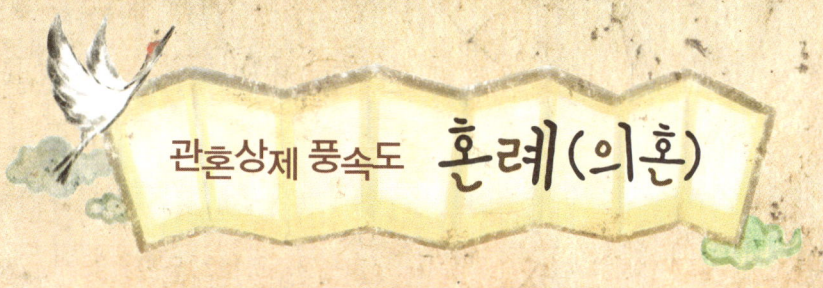

관혼상제 풍속도 혼례(의혼)

"함 사시오! 함을 사!"
청사초롱으로 길을 밝힌 함진아비 일행이 함을 사라고 목청을 높이면 신부 집 가족들과 이웃들이 나와서 반갑게 맞이했어요. 함 들어오는 날은 온 동네 사람들이 함께 웃고 즐기며 맞이하는 마을 잔칫날이에요.

함
오동나무로 만든 상자에 결혼을 허락해 준 것에 감사하여 예를 올린다는 뜻의 '혼서지', 음양의 결합을 뜻하는 청홍 비단의 '채단'과 신랑 집의 형편에 맞는 '혼수', 각각의 의미를 담은 '오방주머니' 또는 '오곡주머니'를 넣어요. 함은 뚜껑을 닫은 후 함보로 곱게 싸서 무명으로 끈을 만들어 어깨에 메지요.

함진아비
첫아들을 낳고 부부 사이가 좋은 사람으로 정해요. 함진아비는 신부 집까지 함을 지고 가는 도중에 절대로 땅에 함을 내려놓아서는 안 돼요.

함끈
무명으로 된 천을 끈처럼 만들어서 석 자는 땅에 끌리게 하고, 나머지 다섯 자는 고리를 만들어 함을 지도록 해요.

봉치떡
찹쌀 두 켜에 팥고물을 넣고 대추와 밤을 넣어 만든 떡으로, 신랑 집과 신부 집에서는 각각 함을 시루 위에 올려 두어요.

채단
청색과 홍색의 비단으로, 신부에게 주는 옷감이에요.

오곡주머니
다섯 가지 색깔의 주머니에 내용물을 홀수로 넣었는데, 붉은색 주머니에는 잡귀를 쫓는 붉은 팥을, 노란색 주머니에는 귀한 신분을 상징하는 노란 콩을, 파란색 주머니에는 인내하며 살라는 뜻으로 찹쌀을, 분홍색 주머니에는 자손 번성을 의미하는 목화씨를, 연두색 주머니에는 절개와 순결을 상징하는 향나무 깎은 것을 넣었어요.

혼례(초례)
보는 눈이 너무 많아!

"**길을** 비키시오. 신랑 행차요."

삼식이 삼촌은 초례를 치르기 위해 복순 언니네 집으로 향해 갔어요. 신부 집이 가까워 걸어서도 금세 갈 수 있는 거리였지만, 동네 어르신들이 한 번 치르는 초례이니 제대로 해야 한다며 말을 빌려 와 삼식이 삼촌을 태웠지요.

앞장서서 걷는 기럭아범이 비단에 싼 나무로 만든 기러기 한 쌍을 손에 들고 저잣거리에 몰려든 사람들을 향해 길을 비키라고 했어요. 신랑의 말 뒤로는 신랑 집 손님들이 따르는데 초행을 대표하는 어른으로 작은 할아버지와 연이 아버지가 뒤따랐어요. 구경 나온 동네 사람들이 손뼉을 치고 환호하며 길을 터 주었어요.

"와, 삼식이 아제도 차려 입으니 참말 새신랑 같네!"

부용댁이 사모관대를 차려 입은 삼식이 삼촌을 향해 손을 흔들며 말했어요.

"예끼, 진짜 새신랑더러 새신랑 같다고 하면 어쩌누! 흐흐."

"오늘은 장원 급제한 양반보다 우리 새신랑이 더 멋지네 그려!"

옆에서 구경하던 사람들이 삼식이 삼촌을 놀리며 말했어요.

삼식이 삼촌은 놀리는 소리를 듣고도 연신 머리를 긁적이며 싱글벙글이에요.

🚩 초례 복장

신랑
사모관대는 나랏일을 하는 사람이 궁궐에 들어갈 때 갖추어 입는 모자와 관복을 뜻해요. 하지만 초례를 치를 때 예를 갖추기 위해 입으면서부터 남자들의 혼인 예복으로 더 알려지게 되었어요. 초례 날 신랑은 사모관대를 차려입고, 목이 긴 목화를 신었어요.

신부
신부는 족두리를 쓰고 양쪽 볼과 이마에 연지 곤지를 찍어요. 연지는 볼과 입술에 바르는 화장품이었는데 이것을 볼이 아닌 이마에 찍으면 곤지라고 했어요. 신부의 눈에는 부정한 것을 보지 말라는 뜻에서 왜밀기름을 발라 눈을 뜨지 못하게 하였어요.

오늘 삼식이 삼촌은 벼슬아치들이 입는 옷처럼 관복과 모자를 쓰고, 장화처럼 생긴 목화를 신었어요. 벼슬이 없는 사람도 초례를 치르는 날만큼은 사모관대를 차려입었지요.

연이는 아침을 먹고 치우기가 무섭게 쌍둥이들을 데리고 쇠돌 아저씨네 집 앞에 와서 초례가 시작되기만을 기다렸어요. 귀동이를 비롯한 동네 아이들이 약속이나 한 듯, 날이 밝자 쇠돌 아저씨네 집 앞으로 삼삼오오 모여들었어요. 초례도 구경하고 맛난 음식도 얻어먹으려는 속셈이었지요. 오늘은 모처럼 산이 오라버니도 볼 수 있어서 연이는 무척 반가웠어요.

"산이 오라버니, 아니 이제 진운 오라버니라고 해야 하나······. 아무튼 오라버니 오랜만이에요."

연이가 반갑게 인사하자 산이 오라버니도 환하게 웃으며 대꾸해 주었어요.

"연이야, 오랜만이구나. 그간 별일 없었느냐? 자영이는 잘 있고? 조만간 얼굴 보러 들리겠다고 전해 주겠느냐?"

산이 오라버니가 얼굴을 붉히며 자영 언니의 안부를 물었어요. 옆에서 귀동이가 헤벌쭉 웃으며 놀렸어요.

"오늘이 산이 형님이랑 자영 누님 초례 날이면 좋겠네! 얼레리꼴레리!"

산이 오라버니의 얼굴이 홍시보다 더 붉게 달아올랐어요. 연이가 눈을 흘기자 그제야 귀동이가 놀리는 것을 멈추었어요.

"신랑이 도착했소!"

삼식이 삼촌 행렬이 쇠돌이 아저씨네 집으로 들어서자 반나절을 지루하게 기다리던 동네 아이들이 일제히 '와' 하고 달려들었어요. 신랑 신부를 맞이하기 위해 마당에 초례청을 꾸미고 초례상을 차리고 있던 쇠돌 아저씨네 친척들과 이웃 아주머니들의 손길이 더욱 분주해졌어요.

삼식이 삼촌은 복순 언니네 집에 들어서면서 가장 먼저 기럭아범이 들고 온 기러기를 받아서는 붉은 보자기로 덮인 상 위에 놓고 두 번 절을 했어요. 그러자 복순 언니의 어머니가 치마폭에 기러기를 받아들고 안방으로 들어가 아랫목에 시루로 잘 덮어 두었지요. 삼식이 삼촌과 일행은 다른 방으로 맞이했고요.

"그런데 나무 기러기는 왜 주는 거야?"

연이가 귀동이한테 물었어요.

"그, 글쎄."

귀동이가 머리를 긁적이며 우물쭈물 답을 못하자 산이 오라버니가 나서서 대답해 주었어요.

"기러기는 암수가 한 번 짝을 맺으면 죽는 날까지 그 짝과 부부의 연을 지키는 의리 있는 새라고 해. 그러니 초례를 치르는 신랑 신부도 기러기처럼 금슬 좋게 잘 살라는 의미 아닐까?"

"아하, 역시 산이 오라버니는 모르는 게 없다니까!"

연이가 산이 오라버니를 추켜세우는 동안 드디어 초례청에 초례상이 다 차려졌어요. 해거름 무렵, 오늘 주례를 맡은 김 초시가 좌중을 정돈하며 초례가 시작됨을 알렸어요.

"신랑 나오시오!"

삼식이 삼촌이 싱글벙글 웃으며 손을 앞으로 맞잡고 초례청으로 나

 전안례

초례를 치르기 위해 신부 집으로 초행을 온 신랑이 나무로 된 기러기 한 쌍을 장모에게 전하는 절차예요. 신랑이 나무 기러기를 들고 초례청 앞에 놓여 있는 상 위에 놓고 두 번 절하면, 이것을 장모가 받아 치마폭에 감싼 채 안방으로 가져가 아랫목에 시루로 덮어 두었어요. 치마폭에 감싸는 것은 기러기가 알을 잘 낳으라는 뜻이며, 시루로 덮는 것은 숨쉬기 좋게 한다는 뜻이래요.

나무 기러기
기러기는 한 번 짝을 지으면 평생을 그 짝과 함께 지내는 새이므로, 신랑이 기러기를 장모에게 바치는 것은 신부와 평생을 함께 하겠다는 뜻이 담겨 있는 것이에요.

와 초례상 앞에 무릎을 꿇고 앉았어요.

"아이고, 노총각 장가드니 좋은가 보네. 신랑 입 벌어진 것 좀 보게. 흐흐."

"초례 치르는 날, 저리 웃는 걸 보니 첫애는 딸이겠구먼."

삼식이 삼촌의 등장에 구경꾼들이 말들을 쏟아 냈어요.

"신부 나오시오!"

이번에는 하루 종일 방 안에서 이 순간이 오기를 기다리고 있던 신부, 복순 언니가 아주머니 두 분의 부축을 받으며 초례상 앞으로 조심조심 걸어 나왔어요.

"아휴, 곱다 고와!"

"새신랑이 전생에 큰 덕을 쌓았는지 복 받았네, 그려."

신부의 등장에 또다시 구경꾼들이 이러쿵저러쿵 말들을 쏟아 냈지요.

김 초시의 주관 아래 초례는 격식에 맞추어 차근차근 진행이 되었어요. 삼식이 삼촌과 복순 언니가 서로 절을 주고받고, 표주박을 쪼개 만든 잔으로 술을 나누어 마셨어요.

해거름 무렵 시작된 초례는 어느덧 땅거미가 짙게 드리운 뒤에야 끝이 났어요. 초례를 치른 삼식이 삼촌과 복순 언니는 청사초롱의 불빛을 받으며 신방으로 들어갔어요. 구경하러 모인 사람들은 방과 마당에서 음식을 나누어 먹으며 밤늦도록 잔치를 즐겼어요.

"신랑 신부 첫날밤 구경이나 하러 가세."

마을의 짓궂은 아낙네들이 신방을 엿보러 갔어요. 호기심이 발동한 아이들도 어른들을 따라 신방 앞까지 쫓아갔지요. 모두 촛불이 켜진 방문 앞에 붙어 서서 손가락 끝에 침을 묻혀 창호지에 살살 구멍을 뚫었어요.

"뭐 좀 보이나? 나도 좀 보세."

초례상
'대례상'이라고도 해요. 초례상 위에는 청색, 홍색 양초를 꽂은 촛대 한 쌍, 소나무 가지와 대나무 가지를 꽂은 꽃병 한 쌍, 흰쌀 두 그릇, 청실, 홍실, 암수 닭 한 쌍을 놓아요. 소나무와 대나무는 굳은 절개를 상징하고, 밤과 대추는 장수와 다산을 의미하므로 반드시 올렸어요. 경우에 따라 콩과 팥, 술병 등을 올리기도 하고 계절 과일을 놓기도 해요.

명태 사악한 기운을 물리치는 수호물, 남성의 성기를 상징해요.

소나무 사시사철 변함없음을 의미해요.

대나무 올곧은 지조를 의미해요.

밤 아들을 많이 낳으라는 의미예요.

대추 불로장생을 의미해요.

닭 수탉의 울음소리는 밝고 신선한 출발을 의미하며, 초례 날 악귀를 쫓아 신랑, 신부에게 해를 입히지 않도록 해 달라는 뜻에서 초례상에 올려요. 또한 수탉은 처자식을 보호한다는 의미도 있어요. 암탉은 다산을 의미해요.

아낙들의 소리에 신방 안에서 삼식이 삼촌과 복순 언니가 당황하는 소리가 들렸어요.

"삼식이 아제는 여태 뭐했는가. 얼른 신부 족두리와 원삼 저고리를 벗겨 주어야지. 그리 멀뚱멀뚱 앉아만 있으면 어쩌누."

나이 많은 부용댁이 이러쿵저러쿵 훈수를 두었어요. 그 모습에 연이가 쿡쿡 웃음을 터뜨렸어요.

"어어, 어르신들, 오늘만은 좀 참아 주시렵니까? 그리고 연이 너, 쪼그만 녀석이 어딜 기웃거리는 게냐?"

방 안에서 삼식이 삼촌이 너스레를 떨더니 곧 촛불을 후욱 하고 불어 껐어요.

사방이 깜깜해지자 어른들이 자리를 뜨며 아쉬워했어요.

"저 성미 급한 신랑 보게나. 새색시 맘 추스르기도 전에 그리 빨리 꺼 버리면 어찌하나. 하여간 이제는 삼식이 자네만 믿겠네. 껄껄."

하지만 연이와 귀동이, 동네 아이들은 여전히 자리를 뜨지 않고 창호지 구멍 안을 들여다보고 있었어요. 그러자 부용댁이 "예끼놈들, 불이 꺼지면 자리를 비켜 주는 게 예의거늘. 어른들이 신방을 지키는 것은 신랑 신부가 괜찮은지 살피기 위함이라. 쉬이, 물러가거라!" 하고 호통을 쳤지요.

아이들은 어른들의 호통에 깔깔깔 웃으며 저 멀리 달아났어요.

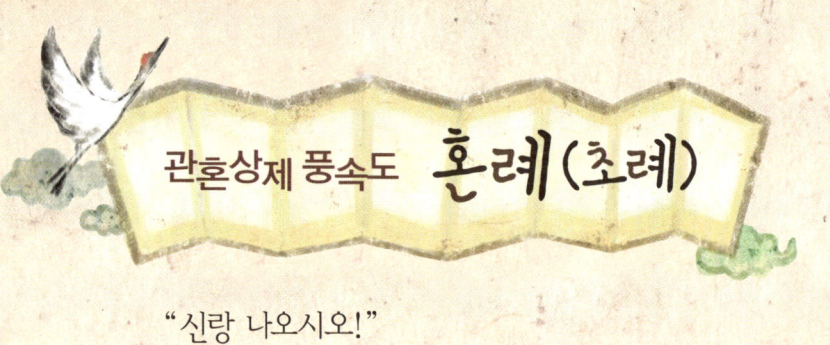

관혼상제 풍속도 혼례(초례)

"신랑 나오시오!"
"신부 나오시오!"
사모관대를 차려 입은 신랑과 머리에 족두리를 하고 연지곤지를 찍어 바른 신부가 초례상 앞에 마주 보고 섰어요. 두 사람은 집안 어른들과 이웃들이 모두 지켜보는 자리에서 부부의 연을 맺고, 아들딸 많이 낳으며 금슬 좋게 살겠다고 다짐했어요.

초행
신랑이 신부를 맞이하러 신부 집으로 가요.

전안례
초례를 시작하기 전에 신랑이 장모에게 나무로 된 기러기 한 쌍을 전하는 절차예요.

교배례
초례상을 앞에 두고 신랑 신부가 서로 절을 주고받는 의식이에요.

합근례
절을 하고 난 후, 신랑 신부가 술잔을 나누어 마시는 의식이에요.

폐백
혼례식 이후 신랑 집으로 돌아와 시댁 어른들께 절을 하며 첫인사를 드리는 의식이에요. 신부가 절을 올리면 시아버지와 시어머니가 밤과 대추를 신부에게 던져 주며 많은 자손을 낳고 행복하게 살라고 복을 빌어 주었어요.

할머니, 만수무강하세요!

"와, 어머니, 무슨 쌓기 시합이라도 하는 거예요?"

한과를 쌓고 있는 어머니 안성댁을 향해 연이가 큰 눈을 뒤룩뒤룩 굴리며 물었어요. 대청마루에는 안성댁 말고도 음식 솜씨 좋기로 소문난 이웃집 부뜰 어멈과 갓 시집온 새색시 복순 숙모, 자영 언니, 금옥 언니가 둘러앉아 사과며 배며 감이며 밤, 대추 등 각종 과일을 수북이 쌓고 있었어요. 어머니 뒤쪽으로는 채 쌓지 못한 인절미, 송편, 찰떡 들과 엊저녁부터 부치고 튀기며 준비한 갖가지 전과 적, 타래과가 한가득 놓여 있었어요.

"재밌겠다! 어머니, 저도 해 볼래요."

환갑

사람이 태어나서 만 60세가 되는 생일을 축하하는 잔치예요. 옛날에는 수명이 짧아서 환갑이 될 때까지 살기가 어려웠기 때문에 잔치를 열어 축하하고, 상수(100세)를 누릴 때까지 살기를 빌어 주었어요. 환갑을 기념하는 잔치를 '수연'이라고 해요.

환갑상(고배상)

환갑잔치 때에는 산해진미를 갖추어 환갑상을 마련하고 각종 과일을 1자 2치 이상씩 괴어 올렸어요. 괸 음식의 높이가 자손의 효성에 비례한다는 속설 때문인지 높이 쌓으려고 안간힘을 썼어요. 그래서 괸 음식이 무너져 내리지 않도록 실로 꿰거나 조청을 바르기도 했대요. 환갑상에 놓은 밤, 대추를 얻어다가 자손들에게 먹이면 장수한다고 해요.

안방에서 할머니와 함께 겨우 쌍둥이들을 낮잠 재우고 나온 연이가 신이 나서 달려들었어요.

"일단 손부터 닦고! 살금살금 오려무나. 지금껏 쌓은 한과가 다 무너지겠네."

안성댁이 연이를 쳐다보며 주의를 주었어요.

"애, 금옥아, 그리 쌓으면 금세 무너져 버린다고 하시 않았니? 저리도 조심성이 없으니. 쯧쯧."

이번엔 안성댁이 금옥 언니에게 핀잔을 주었어요.

"에고고, 힘들다! 음식이 맛만 좋으면 되지, 힘들게 높이 쌓는 건 또 뭐람."

금옥 언니가 양팔을 크게 벌려 활짝 기지개를 켰어요. 신경을 곤두세우고 음식을 높이 쌓느라 온몸이 쑤시는 모양이에요. 그 모습을 지켜보며 자영 언니가 쿡쿡 웃음을 터뜨렸어요.

"내일 할머니 환갑상에 놓일 음식이라 하지 않았니. 환갑상에는 각종 산해진미와 제철 과일을 높이 괴어 올릴수록 좋은 거래두."

자영 언니의 말에 안성댁과 부뜰 어멈이 고개를 끄덕이며 맞장구를 쳤어요.

"옳거니, 지금껏 건강하게 살아오신 것을 축하하는 잔치니 무조건 상을 높이 괴어야 맛이거늘."

다음 날, 대청마루에는 상다리가 휘어지도록 갖은 음식들이 수북이 쌓여 있었어요.

음식을 얼마나 높게 괴었는지 환갑상 앞에 앉은 할머니 얼굴이 가려 안 보일 지경이었지요.

온 식구들은 설날에나 입는 깨끗한 한복을 꺼내 입고 손님 맞을 준비를 했어요.

할머니의 환갑 소식을 전해 들은 친지들과 이웃 어르신들이 연이네

헌수

오래 건강하게 사시기를 빌며 술을 올리는 것을 말해요. 환갑을 맞은 사람의 형제가 있다면 옆에 앉아서 함께 받아요. 헌수는 맏아들, 둘째아들, 맏딸, 둘째딸의 순으로 부부가 나란히 서서 잔을 올리고, 남자는 2번 절하고, 여자는 4번 절을 해요. 경우에 따라 다 같이 한 번의 절로 끝내기도 하지요. 그 뒤를 이어 손자·손녀·조카 등이 차례로 잔을 올려요.

집으로 모여들었지요.

"형님, 우리 형님! 환갑 생신이란 말에 내가 한달음에 예까지 달려왔수."

할머니의 동생인 이모할머니가 싸리문 밖에서부터 할머니를 애타게 부르며 들어왔어요. 이모할머니는 먼 곳으로 시집을 가서 할머니와 40년 넘게 떨어져 지냈대요. 언이도 오늘 처음 보았시요. 이모할머니의 목소리를 듣고 할머니도 맨발로 달려 나가 서로 얼싸안고 반겨 주었어요.

"울 엄니 돌아가셨을 때 보고 못 보았으니 이게 얼마 만이오? 한 20년 만이랑가. 복사꽃 같던 내 언니가 어째 할망구가 되었네."

"너는 안 늙은 줄 아는가 보네. 곱디고운 얼굴은 세월에 다 묻어 두었던가."

할머니는 이모할머니를 보고 또 보고, 혹여라도 맞잡은 손을 놓칠세라 다시 힘을 주어 잡았어요.

손님들이 모두 자리에 앉자, 아버지와 어머니는 할머니께 술잔을 올리고 축하를 드렸어요.

"어머님! 축하드립니다. 건강하게 오래오래 사십시오."

그러고는 할머니께 큰절을 올렸어요. 뒤를 이어 삼식이 삼촌과 복순이 숙모, 고모들이 차례로 나와 할머니께 술을 올리고 절을 했지요.

자영 언니, 금옥 언니에 이어 마지막으로 연이와 쌍둥이들이 한꺼번에 큰절을 올렸어요.

"할머니, 만수무강하세요!"

다섯 살된 쌍둥이들이 연습한 대로 '만수무강하세요!' 하고 인사하자 모여 있던 사람들이 와하하 웃음을 터뜨렸어요.

오색반란지경

환갑을 맞이한 사람의 부모가 살아 계시면, 오색반란지경이라 하여 환갑을 맞이한 사람이 환갑상 앞에서 먼저 부모에게 술잔을 올리고, 색동옷을 입고 춤을 추어서 부모의 마음을 기쁘게 해드려요.

"오냐, 우리 정배, 정순이, 아니지 칠복이 장가가는 것까지 보고 죽어야 여한이 없지. 모두 고맙구나. 오래 살았더니 이런 날도 오고, 죽은 영감도 생각나고, 울 어머니도 생각이 나네. 울 어머니는 환갑도 못 치르고 돌아가셨으니, 살아 계셨으면 내가 춤이라도 덩실덩실 추었을 텐데……."

할머니는 기쁘다고 말하면서도 흐르는 눈물을 감추시는 못했어요.

분위기가 무르익자 아버지는 마을의 사물놀이패를 불러내어 풍물놀이를 부탁했어요.

"덩 기덕, 덩더 쿵."

축하를 받는 할머니도, 축하를 하러 와 준 이모할머니와 손님들, 아버지를 비롯한 온 가족이 한데 어우러져 덩실덩실 어깨춤을 추었어요.

흥에 겨운 할머니가 장단에 맞추어 환갑 노래를 부르며 고마운 마음을 전했어요.

동방 있는 내 아들아
요조숙녀 내 며늘아
반달 같은 내 딸인가
동네 화초 내 사운가

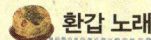 **환갑 노래**

환갑을 맞이한 사람이 감사의 뜻으로 화답하며 부르는 노래로, 가사는 한평생 살아온 일을 정리하며 후손들에게 축원과 덕담을 하는 내용이 대부분이에요. 자애로운 부모님 아래 살다가 혼례를 치른 이야기, 살기 싫은 시집살이라도 살고 보니 영화라는 이야기, 가족 모두를 다 축원하는 이야기, 동네 손님들께 많이 드시라는 이야기 등이 담겨 있어요.

기뻐하는 할머니의 모습을 지켜보며 연이는 마음속으로 간절히 빌었어요.

'할머니, 아버지, 어머니, 지금처럼 건강하게 오래오래 사세요!'

할머니, 만수무강하세요! 67

관혼상제 풍속도 환갑

"만수무강하세요!"
할머니의 예순한 번째 생신 날, 온 식구들이 할머니께 큰절을 올리며 오래오래 사시기를 빌어 드렸지요.

삼현육각
피리, 해금, 대금, 북, 장구 등의 악기를 말해요. 환갑잔치 날에는 악공들과 기생들을 불러 삼현 육각을 울리며 노래를 부르고 춤을 췄어요. 형편이 나은 집에서는 광대패를 불러 판소리 등의 공연을 즐기기도 했지요.

입맷상
환갑을 맞은 부모님이 드실 상은 환갑상 뒤에 따로 차려 두었는데, 장수를 뜻하는 국수를 주된 음식으로 차렸어요.

백수백복도 병풍
장수와 행복을 기원하는 뜻이 담겨 있으며, 조선 시대 왕실이나 양반집에서 연회용으로 많이 사용되었어요.

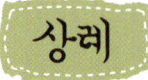

저승 가는 길이 쓸쓸하지 않도록

"**오늘은** 모두 조심하여라. 내 간밤에 꿈자리가 뒤숭숭하여 영 개운치가 않구나."

가족 모두 안방에 앉아 아침을 먹는 자리에서 할머니가 당부의 말을 전했어요.

아침부터 할머니 표정이 심상치 않아 연이는 걱정이 되었어요.

'오늘은 정배, 정순이 떼어 놓고 개울에 멱 감으러 가려고 했더니…….'

연이는 혼자 놀러 갔다가 일이라도 생기면 사단이 날 듯하여 아쉽지만 오늘은 그냥 집에 있기로 했어요.

점심 무렵, 툇마루에 앉아 쌍둥이들과 공기놀이를 하고 있던 연이는 급히 집으로 달려 들어오는 아버지를 보았어요. 아버지는 땀을 뻘뻘 흘리며 할머니를 애타게 찾았지요.

"어머니, 어머니! 좀 나와 보세요!"

아버지의 다급한 목소리에 할머니가 방문을 벌컥 열며 내다보았어요.

"삼복더위에 왜 그리 뛰어다니느냐? 뭔 일이라도 있니?"

할머니는 애써 태연하게 아버지한테 물었어요.

"그게, 저, 지난밤에 이모님이 돌아가셨다는 부고가……."

상례
죽은 사람을 이승에서 저승으로 떠나보내는 의식이에요. 상례는 사람이 죽는 순간부터 시신을 땅에 묻는 장례를 포함하여 3년 동안 치러지는 모든 의식을 말해요. 우리 조상들은 죽음을 새로운 삶의 시작이라 여겼기 때문에 예의를 갖춰 죽은 사람을 떠나보냈어요.

상복
부모님이 돌아가시면 자식들은 거친 삼베로 만든 상복을 입어요.

아버지는 할머니가 걱정되어 말끝을 흐리고 말았어요.

"에휴, 내 이럴 줄 알았다. 간밤에 꿈자리가 사납더니…… 참말로 일이 났네."

할머니는 긴 한숨을 내쉬었어요.

"갑돌 아부지 삼년상 치른 지 얼마나 지났다고……. 이제는 나보다 앞세울 사람 없다고 마음 놓고 있었는데……. 환갑날 기어이 내 얼굴 보러 먼 길을 왔다더니 이유가 다 있었네, 그려."

할머니는 넋두리를 하듯 울며 말했어요.

"그래, 무슨 변고가 있었다더냐? 크게 아픈 데는 없다 하였는데 왜 갑자기 이런 일이……. 부고는 누가 알렸다니? 삼일장을 지낸다더냐? 궁금해도 다리가 아프니 당장 달려가 볼 수도 없고……."

"요 며칠 이모님이 도통 식사도 못하시고 앓아 누우셨는데 이렇게 갑자기 돌아가실 줄은 몰랐다고 하네요. 이모님댁 당숙 어른이 저잣거리 포목상 심부름꾼한테 전해 달라고 했대요. 오늘 밤에 입관한다 하였으니 발인은 내일 할 모양이에요. 오늘 출발해도 어머님이 입관 전에 도착하기는 어려울 듯하니 저 혼자 다녀오겠습니다. 요즘 어머님 기력도 쇠하신데 너무 심려하지 마세요."

연이는 할머니와 아버지가 주고받는 말을 전부 이해하기는 어려웠어요. 하지만 지난번 할머니 환갑잔치에 오신 이모할머니가 갑자기 돌아가신 것만은 알 수 있었지요.

그날 오후, 아버지는 서둘러 이모할머니 댁으로 문상을 갔어요.

할머니는 방에 들어가다가도 한숨을, 대청마루에 앉아 칠복이의 재롱을 보다가도 한숨을 내쉬었어요. 연이네 가족들은 할머니가 걱정되어 저녁을 먹는 동안에도 눈치를 살폈어요. 철없는 쌍둥이들만 시끄럽게 왔다 갔다 하다가 어머니 안성댁의 꾸중을 들었지요.

언니들과 함께 저녁상 치우는 것을 돕던 연이는 안성댁에게 궁금한 것을 넌지시 물었어요.

"그런데 어머니, 입관이 뭐예요? 낮에 아버지가 발인이라고도 하던데……. 할머니랑 아버지랑 얘기하는데 도무지 뭔 말인지 모르겠더라고요."

연이가 묻자 금옥 언니가 나서며 대꾸했어요.

"에고, 우리 연이는 모르는 것도 많다. 할아버지 상례 치르던 일 기억 안 나니? 할아버지 돌아가셨을 때 관에 넣어 상여 메고 가서 묘지에 잘 묻어 드렸잖아. 입관이니 발인이니 다 그 말이지, 뭘."

금옥 언니의 말에 어머니가 설명을 덧붙였어요.

"따지고 보면 금옥이 말이 맞긴 하지만, 상례는 단순히 죽은 이를 땅에 묻는 것만은 아니란다. 태어나면 누구나 한 번은 죽게 마련이지. 비록 이승에서의 삶은 끝나더라도 저승에서의 새로운 삶이 시작되는 법이니 저승까지 잘 가라고 남은 사람들이 정성을 다해 상례를 치르는 거란다."

입관

돌아가신 후 하루가 지나면 수의를 입힌 시신을 관에 모셔요. 입관할 때는 시신과 관 사이의 공간을 깨끗한 백지나 천으로 채워 시신이 관 속에서 흔들리지 않게 해야 해요.

"할아버지 상례 때는 연이가 어려서 잘 기억이 안 나는 모양이에요. 모처럼 금옥이가 연이한테 가르쳐 줄 일이 생겨서 으쓱한가 보네요. 호호."

자영 언니의 말에 금옥 언니가 입을 비죽 내밀었어요.

다음 날, 밤이 이슥해져서야 아버지가 돌아왔어요.

아버지는 지친 모습이었지만, 할머니께 문안 인사드리는 것을 빼먹지는 않았어요.

평소 초저녁이면 꾸벅꾸벅 졸던 할머니도 오늘만큼은 아버지가 돌아오실 때까지 잠을 이루지 못하고 있었지요.

"어머님, 다녀왔습니다."

"오냐, 장례는 잘 치르고 왔느냐? 상주한테 탈상하는 날까지 몸가짐 조심히 하고 어머니 저승 가는 길 쓸쓸하지 않도록 잘 챙기라고 일렀느냐."

할머니는 궁금한 것이 많았는지 이것저것 물음을 쏟아 놓았어요. 건넌방에까지 할머니 목소리가 두런두런 들려왔지요.

연이는 아버지의 인기척에 잠이 깼다가 할머니와 아버지, 어머니가

 **발인**

죽은 이와 마지막 작별을 고하는 의식이에요. 즉, 죽은 이가 빈소를 떠나 묘지로 향하는 장례 절차를 말해요.

상여 소리

우리나라에서 전통 장례를 치를 때 상여를 나르면서 부르는 일종의 노동요예요. 죽은 사람의 상여가 집을 떠나면서부터 관을 장지에 내리는 순간까지 상당히 긴 시간을 불러요. 대부분 죽은 사람의 명복을 빌며, 저승으로 가는 길을 위로하는 내용이에요.

꽃상여

죽은 사람을 묘지까지 태우고 가는 가마 중에서 종이로 만든 꽃으로 화려하게 장식한 것을 말해요. 생전에 누리지 못한 호사를 저승 가는 길에 누려 보라는 의미를 담고 있어요.

여묘 살이

부모님이 돌아가시면 무덤 옆에 풀이나 짚으로 지붕을 이은 조그만 초막을 지어 3년 동안 정성껏 무덤을 돌보는 일을 말해요. 평소 효성이 지극한 자식이라 할지라도 여묘 살이를 하는 것은 쉬운 일이 아니었어요. 여묘 살이를 한 대표적인 인물로 율곡 이이가 있어요. 이이는 16세에 어머니 신사임당이 돌아가시자 슬퍼하며 무덤 옆에 초막을 지어 3년상을 치렀다고 해요.

주고받는 이야기를 가만히 듣고 있었어요.

"네, 마을 장정들이 꽃상여를 메고 선산 묘지로 가서 초우제를 지내는 것까지 보고 돌아왔어요. 가는 길에 집과 마을을 한 바퀴 돌면서 섭섭한 마음 다 거두어 가시라 빌어 드렸지요. 상주가 초막 짓고 삼년상을 치르겠다고 하니 마을 사람

모두가 지극한 효성에 칭찬을 아끼지 않았어요."

"그래, 살아서 누리지 못한 호사를 죽어서라도 누렸으면 다행이지. 후유, 날 때는 순서가 있다지만 갈 때는 순서가 어디 있나. 나도 곧 따라갈 터이니 동생이 먼저 가서 길을 닦아 주시게나."

어머니 안성댁은 연신 코를 훌쩍이며 울먹이는 목소리로 말했어요.

"무슨 그리 섭섭한 말씀을 하세요. 어머님 살아 계실 때 저희가 효도할 수 있도록 부디 오래오래 건강하게 사셔야 해요."

연이는 어쩐지 눈물이 날 것만 같았어요. 평소 죽음이 가까이 있다고 생각해 본 적도 없고, 이모할머니와 가까이 알고 지낸 것도 아닌데 이상하게 마음이 아팠어요. 이제 더 이상 누군가를 만날 수 없다는 생각만으로도 연이는 가슴이 먹먹해졌어요. "고단할 텐데 어서 가서 쉬어라." 하는 할머니의 말을 자장가 삼아 연이는 까무룩 잠이 들었어요. 꿈인지 생시인지 언젠가 들어봄 직한 상여 소리가 연이의 귓가에 맴맴 맴돌았지요.

춘풍 낙엽 웬말이며 오월 비상 웬일이요
무정 세월 사시사철 인생 항로 허무하다
노다 가세 노다 가세 미련 없이 노다 가세
이제 가면 언제 오나 오는 날이 막연쿠나
에헤야 이 행차를, 에헤야 넘자 넘어

관혼상제 풍속도 상례

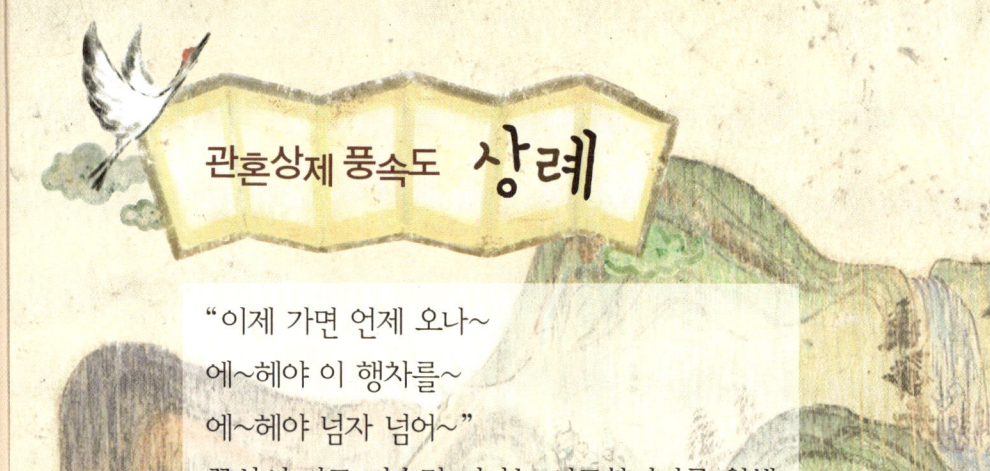

"이제 가면 언제 오나~
에~헤야 이 행차를~
에~헤야 넘자 넘어~"
꽃상여 타고 저승길 떠나는 이모할머니를 위해 상여 소리가 크게 울려 퍼졌어요.

운구
상여를 메고 관을 묘지까지 운반하는 절차를 말해요. 장례 행렬은 죽은 사람의 집 주변이나 마을 어귀 등, 죽은 사람의 추억이 깃든 장소를 지날 때 길에서 제사를 지내기도 해요. 운구를 하는 동안 장례 행렬은 상여 소리를 하고, 죽은 사람을 애도하는 글이 적힌 만장을 들고 상여 뒤를 따랐어요. 살아서 쌓은 공이 많은 사람일수록 만장 행렬이 길었다고 해요.

성복
정식으로 상복 입는 걸 뜻해요. 상복은 누런 삼베로 바느질을 거칠게 하여 만드는데, 상주는 삼베옷을 입고, 짚으로 만든 새끼줄을 둘렀어요. 부모를 잃은 죄인이라고 여겨 몸을 묶었다는 의미예요.

하관
관을 묻을 장지에 도착하여 미리 파둔 구덩이에 관을 내리는 것을 말해요. 관의 방향이나 기울기가 비뚤어지지 않도록 주의를 기울여야 해요. 관을 묻고 흙을 잘 다진 후, 봉분을 만들어요.

위령제
봉분을 만들고 나면 묘소 앞에 간소하게 제수를 차린 뒤 명복을 비는 제사를 지내요.

탈상
장례 절차를 비롯한 모든 상례가 끝이 나면 상복을 벗는 절차를 말해요. 예전에는 3년상을 치른 후 탈상을 했지만 점점 100일로 짧아지고 오늘날에는 3일만에 탈상을 하기도 해요.

죽어서도 우리 집안을 지켜 주시네!

"영감이 살아서도 식복 하나는 타고 났더니만 어째 죽어서도 잘 얻어먹네, 그려……."

할머니는 안성댁이 화덕에 큰 솥뚜껑을 엎어 놓고 노릇노릇 전 부치는 모습을 지켜보며 말했어요.

논에는 가을걷이가 한창이고 여기저기 먹을 것이 풍성한 가을, 추석 차례를 지낸 지 보름 만에 할아버지 제삿날이 돌아왔어요.

"호호, 어디 아버님만 식복을 타고 났나요? 아버님 덕에 저희가 잘 얻어먹는걸요."

복순 숙모가 육적에 쓸 고기를 손질하다 말고 할머니 말에 대꾸했어요.

기제사

해마다 조상이 돌아가신 날에 지내는 제사예요. 부모님과 할아버지와 할머니, 증조할아버지와 증조할머니, 고조할아버지와 고조할머니에 이르기까지 4대의 제사를 지내는 것을 말해요.
이밖에 4대조 이상의 조상들에 대해서는 '시제'라 해서 일 년에 한 번 보통 10월에 온 집안 식구들이 모여 한꺼번에 제사를 지내요.

"그러게요 어머니, 동서 말이 맞네요."

어머니도 맞장구를 치며 웃었어요.

연이는 음식 준비로 바쁜 어머니와 언니들을 대신해서 쌍둥이와 칠복이를 돌보아야 했어요.

"애들아, 우리 자영 언니한테 가 볼까?"

연이는 칠복이를 업고 쌍둥이 동생들을 앞장세우며 부엌으로 들어갔어요.

"언니, 뭐해?"

"어, 안 돼! 여긴 불이 뜨거우니 어서 동생들 데리고 방에 가렴!"

부엌에서는 자영 언니가 끓는 물에 나물을 데치고 있었어요. 부뚜

전과 적, 삼색 나물

전은 기름에 튀기거나 부친 것을 말해요. 적과 함께 계산해서 홀수가 되는 그릇 수로 올려요.

적은 구운 것으로, 제사 음식 중 특식에 해당해요. 전통적으로 고기로 만든 육적, 생선살로 만든 어적, 꿩이나 닭으로 만든 계적 등 세 가지를 올리는데 술을 올릴 때마다 바꾸어 올려요.

나물은 데치거나 볶아서 익힌 다음 제사상에 홀수로 올려요. 주로 고사리, 도라지, 배추나물, 무, 시금치, 숙주나물 등을 데쳐서 무치거나 볶아서 만들어요.

막 옆에 시금치와 고사리가 수북이 쌓여 있었지요. 한쪽에는 채 썰어 놓은 무도 있었어요.

"지금 나물도 데치고 무나물도 볶아야 해서 바쁘니까 자, 얼른 밖으로 나가 주세요!"

자영 언니가 재촉해서 연이는 서둘러 부엌에서 나올 수밖에 없었어요.

"애들아, 우리 안방으로 가자."

연이는 하는 수없이 동생들을 데리고 안방으로 갔어요.

안방에서는 아버지가 조심스레 제기를 꺼내 닦고 있었어요.

"아버지, 뭐하세요?"

연이가 동생들을 데리고 안방으로 들어서자 아버지가 깜짝 놀라며 멈칫했어요.

"안 된다, 애들아! 얼른 저리로 가렴!"

아버지가 손을 휘 내저었어요. 하지만 쌍둥이들은 아랑곳하지 않고 아버지 옆으로 달려가 제기를 만졌어요.

"아버지, 이건 뭐예요?"

정배가 한쪽에 놓인 나무패처럼 생긴 것을 들어 보였어요.

"어허, 이건 신주란다. 함부로 다루어서는 안 되는 물건이지."

아버지가 황급히 신주를 받아들며 말했어요.

"헌데 아버지, 신주가 뭐예요?"

연이가 물었어요.

"신주에는 할아버지의 이름이 적혀 있단다. 제사 지낼 때 할아버지의 넋을 모시는 곳이지."

고작 나무패처럼 생긴 것에 할아버지의 넋이 깃든다는 말에 연이는 깜짝 놀랐어요.

"그럼 이 신주가 할아버지 대신이네요!"

"그래, 그런 셈이지. 그러니 할아버지를 대하듯 조심히 해야 하는 거란다. 알았지? 요 녀석들! 얼른 나가거라."

신주

신주는 죽은 사람의 넋이 담긴 나무로 된 집이라고 할 수 있어요. '위패'라고도 하지요. 신주에는 죽은 사람의 이름과 살아 있을 때 한 일, 제사를 지내는 사람과의 관계가 적혀 있어요.

연이와 동생들은 이번에도 방에서 쫓겨났어요.

평상에 앉아 과일을 닦고 있던 금옥 언니는 연이와 동생들이 이쪽저쪽에서 쫓겨나는 모습을 지켜보고 있었어요.

"너희들 갈 데 없으면 이리로 와! 이거나 같이 하자."

연이는 금옥 언니가 불러 줘서 다행이라 생각했어요.

"고마워, 언니! 칠복이 데리고 밖에 나가기도 그렇고 집에서는 전부 저리로 가라고 그러고……."

연이가 우는 시늉을 하자 금옥 언니가 놀리듯 말했어요.

"이런 날 너만 졸졸 따라다니는 양반집 도련님은 뭐하느라 코빼기도 보이지 않는 거래? 연이한테 잘 보이려면 오늘이 딱 좋았는데 말이지. 하하."

"아이 참, 언니는 아니래두!"

연이의 얼굴이 발갛게 달아오르자 마당에서 음식을 준비하던 할머니와 어머니 안성댁, 복순 숙모가 동시에 와하하 하고 웃음을 터트렸어요.

이윽고 밤이 깊어 대청마루에 제사상이 차려졌어요.

촛불을 켜고 향로에 향을 피우자 집 안 가득 향 냄새가 진동했어요.

밤이 깊도록 잠도 자지 않고 제사가 시작되기만을 기다리고 있던 정배가 신이 나서 뛰어다녔어요.

"정신없이 그러지 말고, 우리 집 장손 정배도 이리로 와서 절을 해야지."

지방

신주가 없을 때는 대신 종이에 그 내용을 써서 제사상에 올렸어요. 이 종이를 '지방'이라고 해요. 지방은 깨끗한 한지를 직사각형으로 만들어 위쪽을 둥글게 잘라서 만들어요.

제사상 차리는 법
제사상에 과실을 올리는 방법은 '홍동백서' 방법과 '조율이시' 방법이 있어요.

홍동백서
붉은색 과실을 동쪽에, 흰색 과실을 서쪽에 올리는 것이에요.

조율이시
제사상을 차리는 사람의 왼쪽으로부터 조(대추), 율(밤), 이(배), 시(곶감)의 순서로 올리는 것을 말해요.

아버지와 삼식이 삼촌이 술잔을 올리고 음식 위에 젓가락을 얹고는 두 번 절을 했어요. 뒤따라 정배도 넙죽 엎드려 절을 했지요.

이때 할머니가 제사상 앞으로 칠복이를 안고 왔어요.

"영감, 우리 칠복이 절도 받으시오. 영감이 산삼 주고 맞바꾼 우리 칠복이라오. 건강하고 똑똑하게 자랄 수 있도록 영감이 저승에서 돌봐 주시구려."

할머니는 마치 할아버지가 옆에 있듯이 칠복이를 보살펴 달라고 부탁했어요.

이어서 할머니는 복순 숙모에게도 절을 하라고 시켰어요.

"새 아가, 너도 시집와서 처음으로 아버님을 뵙는 자리니 술도 한 잔 올리고 인사도 드리려무나."

복순 숙모가 절을 하는 동안 할머니는 합장하듯 두 손을 모으고 연신 할아버지에게 복을 빌었어요.

"영감, 이번에는 우리 새 며느리 절도 받으시오. 영감이 칠복이도 보내 주었으니 삼신할머니께 부탁하여 삼식이 후손도 얼른 보내 주시오."

연이는 어렴풋한 기억으로 어린 시절 자신을 안아 주던 할아버지의 얼굴을 떠올려 보았어요. 비록 돌아가셨지만 할아버지가 여전히 돌보아 주고 있다고 생각하니 왠지 마음이 따뜻해졌어요. 지금 이 순간 할아버지가 함께 있는 것만 같았지요.

관혼상제 풍속도 제례

해마다 돌아오는 할아버지 제삿날에는
온 집안 식구가 함께 모여 할아버지를 기리지요.
살아서도 가족 걱정 많으셨던 할아버지는
죽어서도 온 집안을 돌보아 주신대요.

제사상 차림

제사상에 올리는 음식의 종류나 차리는 방법은 지역이나 집안마다 조금씩 차이가 있어요. 보통은 신주 바로 앞줄인 1열에 밥과 국, 술잔을 올려요. 2열에는 고기와 생선으로 만든 전과 적을 올리고, 3열에는 탕 종류를, 4열에는 포와 나물 반찬, 식혜 등을, 마지막 5열에는 과실을 올리지요.

차리는 방법

조율이시 왼쪽에서부터 대추, 밤, 배, 곶감의 순서로 차리는 방법
홍동백서 붉은색 과일을 동쪽에, 흰색 과일을 서쪽에 차리는 방법
좌포우혜 왼쪽에 북어포, 대구포, 오징어포, 문어포 등을 놓고, 오른쪽에 식혜를 차리는 방법
어동육서 생선으로 만든 탕은 동쪽, 고기로 만든 탕은 서쪽에 차리는 방법
두동미서 생선의 머리는 동쪽으로, 꼬리는 서쪽으로 향하게 차리는 방법

제기
나무 그릇이나 놋그릇을 함께 써요. 제기는 평소 쓰는 그릇과 달리 굽이 높아요. 조상의 제사를 지낼 때 쓰는 귀한 그릇이므로 남에게 빌리거나 빌려 주지 않았어요.

신주
죽은 사람의 이름과 살아 있을 때 했던 일, 제사를 지내는 사람과의 관계가 적혀 있어요.

향
제사를 지낼 때 가장 먼저 향을 피워 조상의 넋을 불러와요.

모사
모래를 담고 띠라는 풀을 꽂아 놓는 그릇이에요. 흙과 풀이 담긴 모사는 조상의 무덤을 의미해요. 술을 올린 다음에는 꼭 모사에 따라 붓는데, 이는 땅에 묻힌 조상에게 술을 올린다는 뜻이에요.

육아 의례

칠복이는 커서
어떤 어른이 될까요?

"와, 어쩜 자영 언니가 만든 옷이 칠복이한테 딱 맞네!"

연이는 돌옷을 입고 아장아장 걸어 나오는 칠복이를 보고 박수를 치며 좋아했어요.

자영 언니는 지난봄부터 틈틈이 칠복이가 돌 때 입을 돌옷을 만들었어요. 한 땀 한 땀 금실로 곱게 자수를 놓은 한복과 화려한 장식이 된 돌띠까지 자영 언니가 정성스레 만든 돌옷은 칠복이한테 아주 잘 어울렸어요.

"옷이 날개라더니 우리 칠복이 훤칠한 도련님 같네. 이다음에 커서 처자들 꽤나 울리겠어. 호호."

금옥 언니가 칠복이를 번쩍 들어 올리며 함박웃음을 지었어요.

부엌에서는 어머니 안성댁과 자영 언니가 떡을 만드느라 바빴어요. 뜨거운 김이 모락모락 피어오르면서 구수한 냄새가 집 안 가득 퍼졌어요. 떡 냄새를 맡은 연이의 코가 벌름거렸어요. 연이와 정배, 정순이의 발이 절로 부엌으로 향했지요.

 **돌옷**
아기가 태어나서 첫 생일인 돌을 맞이하여 입는 새 옷을 말해요. '돌복'이라고도 하지요.

남자아이
연보라색 풍차바지와 분홍색 저고리에 남색 돌띠고름을 달아요. 그 위에 조끼·마고자를 입고, 오방장두루마기(까치두루마기)를 입어요. 머리에는 복건이나 호건을 쓰지요.

여자아이
다홍치마에 연두 혹은 노랑 색 동저고리를 입어요. 당의를 입기도 하지요. 머리에는 굴레나 조바위를 씌우고 발에는 오목누비 버선에 비단신을 신어요.

돌상
돌상은 일반적으로 네모진 상보다는 둥근 상을 사용하여 잘 걷지 못하는 아기가 다니면서 모서리에 부딪칠 염려가 없도록 해요. 음식을 담을 때 그릇은 가리지 않고, 멋을 내지 않으며 소담스럽게 담아요.

무명
무명 한 필을 접어서 놓고 그 위에 돌옷을 입은 아기를 앉혀서 상을 받도록 해요. 이때 사용한 무명은 나중에 커서 그 아기가 쓰도록 했지요.

    자영 언니가 새하얀 백설기와 치자와 쑥 물을 우려내 만든 송편, 붉은 팥고물을 묻힌 수수팥떡을 접시에 담고 있었어요.

"언니, 송편 하나만!"

"난 새하얀 백설기!"

"난 수수떡이 맛있던데. 지난번 칠복이 백일날에도 수수떡만 먹었어."

저마다 한마디씩 하며 입을 벌리고 서 있자, 자영 언니가 웃으며 상에 차리고 남은 떡을 입에 넣어 주었어요.

그때 마침 삼식이 삼촌이 부엌 안으로 고개를 빼꼼 내밀었어요.

"거 참, 떡 냄새가 구수하니 좋수다. 형수, 그간 칠복이 키우느라 고생 많으셨소. 떡 냄새 맡으니 진짜 잔칫집 같네요. 얼른 나와서 돌잡이 합시다, 그려."

"네, 이제 돌상 나갑니다! 잠시만 기다리세요."

어머니 안성댁의 말에 삼식이 삼촌은 얼른 대청마루로 올라갔어요.

대청마루에서는 칠복이가 돌옷이 마음에 드는지 한 바퀴 빙그르르 돌기도 하고 왔다 갔다 하며 재롱을 부리고 있었어요.

"오냐, 오냐, 내 강아지. 태어날 때가 엊그제 같은데 벌써 할미 앞에서 재롱을 다 부리고. 아이고, 기특한 녀석."

할머니는 칠복이의 엉덩이를 토닥토닥 두드리며 즐거워했어요. 식구들 모두 그 모습을 지켜보며 흐뭇한 미소를 지었어요.

대청마루에 돌상이 차려지자, 소식을 들은 이웃 어른들과 아이들이 칠복이를 보러 찾아왔어요. 언제 왔는지 귀동이도 문가에 서서 연이와 눈이 마주치기만을 기다리고 있었지요.

"연이야, 나도 왔어. 칠복이 주려고 집에서 곶감도 가져왔지."

귀동이는 말랑말랑 맛 좋게 생긴 곶감을 한 손 가득 내밀었어요.

"예까지 뭐하러 왔니? 이제 곧 돌잡이가 시작될 테니 얼른 구경이나 하고 떡이나 가져가던지."

연이는 귀찮은 듯 건성으로 대답했지만, 속으로는 칠복이의 돌을 축하하러 와 준 귀동이가 고맙기만 했어요.

"헤헤, 연이 동생 돌잔치 날인데 어떻게 모른 척할 수가 있어? 당연히 내가 나서서 축하해 줘야지!"

귀동이는 뒷머리를 긁적이며 언신 싱글벙글 웃었어요.

"돌잡이는 언제 한답니까? 칠복이는 커서 뭐가 되려나."

"그러게, 나도 돌잡이 보려고 서둘러 왔지. 칠복아, 똑똑한 사람이 되게 해 달라고 책이나 붓을 집어야 한다!"

"예끼 이 사람, 우리 같은 평민이 글공부나 하면 뭐하나. 재물이 최고지. 쌀이나 한가득 집으려무나."

구경 온 사람들이 돌잡이 물건을 놓고 옥신각신했어요.

이때 아버지가 나서며 칠복이의 목에 타래실을 걸어 주었어요.

"저는 우리 칠복이가 건강하게 명이나 길었으면 좋겠네요. 하하."

모여 있던 사람들 모두 웃음을 터뜨렸어요.

"암, 건강이 최고지! 갑돌이 자네 말처럼 무병장수는 타고난 듯하니 이제 칠복이한테 기회를 줌세. 돌잔치에서 돌잡이가 빠지면 섭섭하지!"

이웃 어르신의 말에 삼식이 삼촌은 칠복이 앞에 돌잡이 물건이 담

돌잡이

축하하러 온 사람들은 돌상을 둘러싸고 앉아 아기의 거동을 지켜 보면서 아기가 첫 번째나 두 번째에 집는 것으로 아기의 장래를 점치며 즐거워했어요.
남자아기에게는 용맹의 상징으로 활과 화살을 놓고, 여자아기에게는 바느질 솜씨가 좋으라고 색지, 자, 실 등을 놓았어요.
돌잡이 물건들은 장수와 자손 번영, 부귀만을 기원하는 것만이 아니라 사람됨도 깊이 생각한 것이에요.

먹, 벼루 학문을 익히거나 재주가 많다는 뜻이에요.

돈 돈이나 쌀을 집으면 부자가 된다고 해요.

천자문 학자가 된다고 해요. 상 위에 놓았던 천자문은 아기가 자란 다음 읽게 해요.

타래실 실처럼 길게 오래 산다고 해요.

활, 화살 용맹을 나타내는 것으로, 장군이 된다고 해요.

긴 상을 내밀었어요.

상에는 수북이 쌓인 쌀과 엽전 한 꾸러미, 천자문 한 권, 붓 한 자루, 활과 화살이 놓여 있었어요.

칠복이는 가장 먼저 활을 집어 들었어요.
"이 녀석, 커서 훌륭한 장수가 될 모양입니다. 형님, 칠복이 밥 많이 먹여야겠어요!"

삼식이 삼촌의 말에 사람들이 박수를 치며 기뻐했어요.

"어머니, 저는 돌잡이 때 뭐 잡았어요? 저도 칠복이처럼 활을 잡았어요?"

칠복이의 돌잡이를 구경하던 연이가 안성댁에게 슬며시 물었어요.

"호호, 우리 연이는 딸이라 돌상에 활 대신 색지와 자를 올려 두었지. 연이는 그때 알록달록한 색지를 집어 들었을 거야."

"색지요? 그건 무슨 의미예요?"

"그건 여사아이니까 색지나 자를 잡으면 바느질 솜씨가 좋다는 의미란다."

"에이, 너무해. 활이 있었다면 저는 분명 색지 대신 활을 잡았을 거예요. 바느질 잘하는 것보다는 훌륭한 여장수가 훨씬 멋지잖아요."

"그러게. 우리 연이 바느질 솜씨를 보면 분명 잘못 집은 게 맞을 거야. 호호."

어머니 안성댁이 연이를 놀리자 연이는 한숨을 푹 내쉬었어요.

식사를 마치고 모인 사람들이 돌아갈 채비를 하자 칠복이가 아장아장 걸으며 그릇에 담긴 돌떡을 내밀었어요. 어른들은 돌떡을 담아 온 그릇에다 무명실이나 엽전, 반지, 수저 등을 담아 주었어요. 칠복이의 건강과 부를 빌어 주는 귀한 선물들이었지요.

"와, 우리 칠복이 부자다! 쿡쿡."

연이는 칠복이의 볼을 비비고 볼에 입을 맞추었어요.

"이제 돌 지났으니 내년 봄에는 정배 형이랑 정순이 누나랑 함께 며 감으로 놀러 나가자. 누나가 칠복이도 잘 돌봐 줄게."

연이는 선물을 대신하여 칠복이에게 잘 돌봐 주겠다고 덕담을 해 주었어요.

그때 삼식이 삼촌과 복순 숙모가 연이에게 다가왔어요.

"연이야, 내년엔 우리 복동이도 잘 부탁해! 헤헤."

"네? 복동이라니요?"

연이가 눈을 휘둥그레 뜨고 물었어요.

"숙모가 아기를 가졌거든. 내년 여름에는 세상에 나올 것 같으니 우리 연이가 숙모를 도와서 복동이도 잘 돌보아 주면 좋겠구나."

"아, 제가요? 저더러 복동이도 돌봐 달라고 하시면…… 에, 어쩔 수 없지만…… 아무튼 정말 축하드려요."

연이는 사촌 동생이 태어난다는 말에 기뻤지만, 한편으론 또다시 고생길이 시작되는 듯하여 마냥 행복하지만은 않았어요. 이제 겨우 정배, 정순이를 돌보는 일에 조금 익숙해졌다 싶었는데 칠복이에 이어 새로 태어날 아기까지 돌봐야 한다고 생각하니 덜컥 겁부터 났어요.

'끙, 정배, 정순이, 칠복이에 이어 복동이까지 이를 어쩐담.'

연이의 얼굴은 웃고 있었지만, 실은 웃는 게 웃는 게 아니었어요. 과연 연이는 동생들을 돌보는 임무를 무사히 마칠 수 있을까요?

관혼상제 풍속도 육아의례

칠복이가 태어나서 처음으로 맞이하는 생일날,
온 가족들과 이웃 친지들이 함께 모여 칠복이를 축하해 주었어요.
예쁜 돌옷을 입은 칠복이는 과연 돌잡이에서 어떤 물건을 집을까요?

그릇과 수저
아기가 첫돌을 맞이하면 부모는 아기를 위하여 밥그릇과 국그릇, 수저를 선물해 주어요. 이것은 가장 기본이 되는 상차림이며, 돌을 맞은 아기가 앞으로 먹고 살아갈 일을 준비해 주는 뜻깊은 선물이에요.

백설기
깨끗하고 순수한 정신을 뜻해요.

돌상 차림

돌상에는 백설기, 수수팥떡, 대추, 과일, 쌀, 국수 등을 올려요. 이와 더불어 돌잡이에 사용할 물건도 함께 차리지요. 돌잡이 물건은 주로 타래실, 책, 붓, 돈(엽전이나 금반지)과 돌을 맞이하는 아기의 성별에 따라 활 또는 자 등을 올려요.

쌀
앞으로 식복이 있으라는 뜻이에요. 쌀은 새 밥그릇에 가득히 담아요.

대추와 각색 과일
열매를 맺듯이 자손이 번성하라는 뜻으로 놓아요.

수수팥떡
귀신이 붉은색을 싫어한다는 믿음 때문에 붉은 빛을 띠는 떡을 만들어 올려서 액운을 면하라는 뜻이 담겨 있어요.

한눈에 펼쳐 보는 전통문화 관혼상제

출산 의례

"응애응애!"
연이네 집에 아기 울음소리가 울려 퍼졌어요.
방문 밖에서 안절부절못하는 가족들에게 아기는 큰 울음소리로
무사히 세상 밖으로 나왔음을 알렸어요.

관례

"이제 장가들 나이가 되었으니 늘 몸가짐을 가지런히 하여라."
관례는 상투 틀고 갓 쓰고, 돌아가신 조상님들께 예의를 갖추어 어른이 되었음을 알리는
의례예요. 제아무리 나이가 많아도 관례를 치르지 않으면 어른 대접을 못 받았지요.

계례
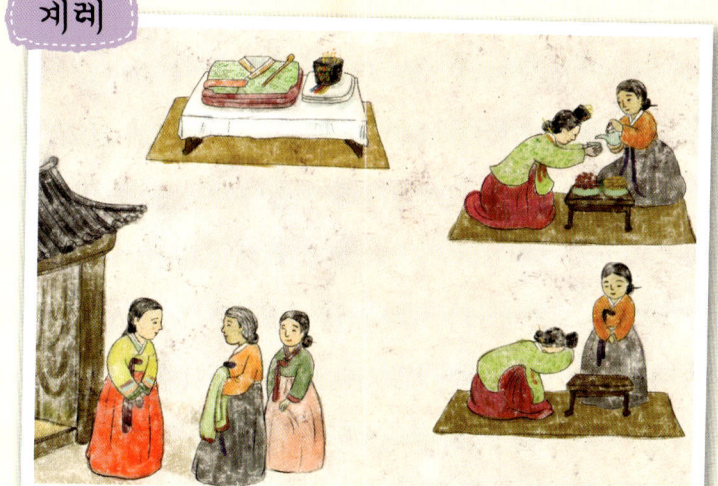

남자들의 성인식이 '관례'라면 여자들의 성인식은 '계례'예요.
시집갈 나이가 되면 쪽을 찌고 비녀를 꽂아 이제 어른이 되었음을
조상님과 이웃 친지분들께 알렸어요.

혼례(의혼)

"함 사시오! 함을 사!"
청사초롱으로 길을 밝힌 함진아비 일행이 함을 사라고 목청을
높이면 신부 집 가족들과 이웃들이 나와서 반갑게 맞이했어요.
함 들어오는 날은 온 동네 사람들이 함께 웃고 즐기며 맞이하는
마을 잔칫날이에요.

혼례(초례)

"신랑 나오시오!"
"신부 나오시오!"
사모관대를 차려 입은 신랑과 머리에 족두리를 하고 연지곤지를 찍어
바른 신부가 초례상 앞에 마주 보고 섰어요. 두 사람은 집안 어른들과
이웃들이 모두 지켜보는 자리에서 부부의 연을 맺고, 아들딸 많이
낳으며 금슬 좋게 살겠다고 다짐했어요.

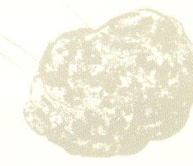

한눈에 펼쳐 보는 전통문화 관혼상제

환갑

"만수무강하세요!"
할머니의 예순한 번째 생신 날, 온 식구들이 할머니께 큰절을 올리며
오래오래 사시기를 빌어 드렸지요.

제례

해마다 돌아오는 할아버지 제삿날에는
온 집안 식구가 함께 모여 할아버지를 기리지요.
살아서도 가족 걱정 많으셨던 할아버지는
죽어서도 온 집안을 돌보아 주신대요.

상례

"이제 가면 언제 오나~
에~헤야 이 행차를~
에~헤야 넘자 넘어~"
꽃상여 타고 저승길 떠나는 이모할머니를 위해 상여 소리가 크게 울려 퍼졌어요.

육아 의례

칠복이가 태어나서 처음으로 맞이하는 생일날,
온 가족들과 이웃 친지들이 함께 모여 칠복이를 축하해 주었어요.
예쁜 돌옷을 입은 칠복이는 과연 돌잡이에서 어떤 물건을 집을까요?